幼儿园

中华纸工坊课程

⊙主编 王 冰

中国海洋大学出版社

·青岛·

图书在版编目（CIP）数据

幼儿园中华纸工坊课程／王冰主编 . ‒‒ 青岛：中
国海洋大学出版社，2025. 5. ‒‒ ISBN 978-7-5670-4234-
6

Ⅰ. G613. 3

中国国家版本馆 CIP 数据核字第 2025KJ5339 号

YOUERYUAN ZHONGHUA ZHIGONGFANG KECHENG

幼儿园中华纸工坊课程

出版发行	中国海洋大学出版社
社　　址	青岛市香港东路 23 号　　　邮政编码　266071
出 版 人	刘文菁
网　　址	http://pub.ouc.edu.cn
订购电话	0532‒82032573（传真）
责任编辑	赵孟欣　　　　　　　电　　话　0532‒85901092
印　　制	青岛名扬数码印刷有限责任公司
版　　次	2025 年 5 月第 1 版
印　　次	2025 年 5 月第 1 次印刷
成品尺寸	185 mm × 260 mm
印　　张	10. 75
字　　数	232 千
印　　数	1—1 000
定　　价	99. 00 元

发现印装质量问题，请致电 13792806519，由印刷厂负责调换。

编委会

在中华民族伟大复兴的征程中,文化自信成为凝聚民族精神、推动社会发展的强大动力。学前教育作为基础教育的重要组成部分,肩负着传承和弘扬中华优秀传统文化的历史使命,对于培养幼儿的民族自豪感、文化认同感和创造力具有不可替代的作用。《幼儿园中华染工坊课程》《幼儿园中华编工坊课程》《幼儿园中华纸工坊课程》正是在这样的时代背景下编写的具有创新性和实践价值的力作,为有效开展传统文化教育提供了宝贵的经验和范例。

《幼儿园中华染工坊课程》《幼儿园中华编工坊课程》《幼儿园中华纸工坊课程》遵循幼儿的年龄特点和身心发展规律,按照《幼儿园教育指导纲要(试行)》的要求,契合《3～6岁儿童学习与发展指南》所强调的幼儿学习应以直接经验为基础,在游戏和日常生活中进行的教育理念,巧妙地将文化传承与学前教育有机融合,为幼儿开启了一扇感受中华传统文化独特魅力的大门。除预设课程外,三本书还创新性地融入了活动生成、游戏案例、生活活动以及园家社活动等,进一步丰富了课程内涵。活动生成鼓励教师根据幼儿在工坊实践过程中的兴趣点和突发奇想,及时调整并生成新的教学计划,充分满足幼儿的好奇心和探索欲望,让课程更具灵活性和开放性。游戏案例体现了幼儿在工坊活动中的自主探索和创造过程,以及教师对幼儿的观察和指导。生活活动将工坊课程融入幼儿的日常生活,帮助幼儿在真实的生活情境中学习、成长,提升生活自理能力和社会交往能力。园家社活动呈现了幼儿园、家庭、社区三方合力开展中华工坊课程的局面,促进幼儿的全面发展。

《幼儿园中华染工坊课程》以"染"文化为核心,通过丰富多彩的"染"活动,让幼儿自由地探索色彩的变化,尝试不同的染色方法和图案设计,了解和感受传统"染"技艺的独特魅力和文化内涵,如扎染、蜡染等经典工艺的制作方法和图案寓意,引导幼儿运用现代元素和个性化的创意,对传统"染"图案和形式进行改造和创新,创作出具有时代特色和个人风格的"染"

作品。

《幼儿园中华编工坊课程》以中国传统"编织"文化为核心,通过"编织"这一独特的艺术形式,为幼儿创造了一个充满趣味的探索体验环境。注重传承中华"编"文化的精髓,让幼儿了解和学习传统"编"技艺的独特魅力,如中国结编织、竹编等经典工艺的制作方法和图案寓意,使传统文化在幼儿心中生根发芽。通过体验传统编织,增强对传统文化的热爱之情。

《幼儿园中华纸工坊课程》以"纸"文化为核心,巧妙地将文化传承与学前教育有机融合。以"纸"这一独特的艺术形式为载体,鼓励幼儿探索纸的多种用途,尝试不同的折叠、剪裁和拼贴方法,将内心的想法和情感通过"纸"作品表达出来,从而提升艺术素养。

综上所述,青岛幼儿师范学校附属幼儿园的《幼儿园中华染工坊课程》《幼儿园中华编工坊课程》《幼儿园中华纸工坊课程》以独特的教育视角、丰富的文化内涵和创新的课程设计,为学前教育领域中的传统文化教育树立了新的标杆。它不仅为幼儿提供了一个接触和传承中华优秀传统文化的机会,而且助力了幼儿的全面发展。相信该书的推广,将对我国学前教育事业的发展产生积极而深远的影响,为培养德智体美劳全面发展的社会主义建设者和接班人做出重要贡献。期望更多的幼儿园能够借鉴和学习这一成功经验,积极探索适合幼儿的传统文化教育模式,让中华优秀传统文化在幼儿教育中绽放更加绚烂的光彩。

山东师范大学教育学部学前教育学院院长

杜传坤

2024.12

幼儿园作为幼儿启蒙教育的重要场所,肩负着传承和弘扬中华优秀传统文化的重要职责。中华传统文化源远流长、博大精深,蕴含着丰富的教育资源和宝贵的精神财富,为幼儿教育提供了深厚的文化滋养。《幼儿园中华纸工坊课程》一书便是在这样的教育理念与文化使命下编写的,也是我园二十多年传统文化启蒙教育的研究成果。它以中国传统"纸"文化为核心内容,将文化传承与学前教育有机结合,旨在通过丰富多彩的纸艺活动,让幼儿在亲身体验中感受中华传统文化的独特魅力,培养幼儿的民族自豪感和文化自信心,促进幼儿的全面发展。

一、顺应儿童发展,挖掘多元潜能

顺应儿童发展,激发多元潜能根据《3～6岁儿童学习与发展指南》,幼儿的学习是以直接经验为基础,在游戏和日常生活中进行的。《幼儿园中华纸工坊课程》充分尊重幼儿的年龄特点和身心发展规律,以"剪纸"这一独具魅力的艺术形式为载体,为孩子们营造了一个缤纷多彩、妙趣横生的学习体验氛围。在纸工坊中,幼儿动手实践,通过折纸、画图、剪纸等一系列操作活动,感受剪纸艺术的对称之美、线条之美以及创作的无限乐趣,不仅提升了动手能力,还在心底种下传承传统艺术的种子。幼儿能够自由自在地探索纸张形状的变化,尝试采用不同的剪纸方法和图案构思,将自己内心的想法与情感借助纸艺作品展现出来,进而获得审美体验并提升艺术素养。

二、厚植文化自信,塑造民族品格

中华"剪纸"文化源远流长,拥有着深厚且独特的文化底蕴,蕴含着丰富的文化内涵和崇高的精神价值。剪纸这一民间艺术形式在中国大地上已经流传了千百年。从民间百姓为了装饰生活、表达美好祈愿而诞生的简单质朴的民间剪纸开始,它就与人们的日常生活紧密相连。幼儿深入传统剪纸技艺背后的文化渊源,在亲手制作剪纸的过程中,触摸到每一个图案背后所凝聚的历史记忆,感受到中华民族传统文化的博大精深。

三、课程架构创新，助力全面成长

预设课程与实践活动相结合。本书由预设活动和实践活动两大部分构成。预设课程为教师搭建了系统的课程选择框架，包含纸文化的历史渊源、基本原理、材料工具介绍等基础内容，以及针对不同年龄段幼儿开展的适宜的活动内容，使教师教学目标明确，能更有针对性地引导感知体验和创造表现。实践活动案例体现了立足儿童视角的课程创生，教师基于幼儿的兴趣点，将剪纸活动与十二生肖、西游故事等相结合，为幼儿提供了丰富多样的体验，促进了幼儿的全面发展。

四、实践体验，促进全面发展

《幼儿园中华纸工坊课程》推崇动手实践的教育理念，让幼儿在剪纸作品创作的过程中体验乐趣，收获成长。通过课程实施提升幼儿解决问题的能力和自主探索能力。在纸工坊里，幼儿携手合作，共同创作剪纸作品，体验分工合作、互帮互助在展示和分享自己的作品时，提升语言表达能力和自信心，加深彼此间的情感联系和友谊。通过这样全方位的发展，幼儿将更从容地面对未来的挑战，成为具备创新思维、实践能力和社会责任感的新时代栋梁。

期望借助本书在幼儿心中悄然种下中华传统文化的种子，使其在充满乐趣与想象的纸艺制作中苗壮成长。本书不仅为幼儿搭建了接触和传承优秀传统文化的平台，而且是推动其全面发展的重要途径。总而言之，《幼儿园中华纸工坊课程》一书以其独特的教学方法和丰富的文化内涵，完美契合了幼儿教育的宗旨和期望。它让孩子们在欢乐中学习，在实践中成长，在传承中创新，为培养德智体美劳全面发展的社会主义建设者和接班人提供了坚实支撑，让中华优秀传统文化在新一代的心中熠熠生辉，照亮中华民族伟大复兴的前进之路。

王冰

2024. 12

目 录

《妙剪生花——幼儿园中华纸工坊课程》整体设计

第一章

一、主题活动价值

剪纸作为中国民间艺术的瑰宝,承载着丰富的历史和文化价值。它不仅是技艺的展现,更是文化与情感的传承。每一幅剪纸作品,都蕴含着匠人的心血与巧思,通过精细的刀工与巧妙的构思,将生活中的美好瞬间定格。2006年,中国剪纸被列入第一批国家级非物质文化遗产名录;2009年,剪纸项目入选联合国教科文组织"人类非物质文化遗产代表作名录",进一步彰显了剪纸这一中华优秀传统艺术形式重要的历史文化地位。

剪纸这一传统艺术形式就在小朋友的生活之中,如过年时家家户户贴的窗花、图画书中的剪纸形象以及瓷器、服饰中的剪纸元素等。《中华优秀传统文化进中小学课程教材指南》指出:要引导学生体会中华优秀艺术中反映出来的中华独特的表现方式、艺术特征、风格特点和文化内涵,坚定中华文化立场。《3～6岁幼儿学习与发展指南》也提出:教师要提供剪刀、纸张等,让幼儿进行剪、折、粘等美工活动。所以,纸工坊课程依据幼儿的身心发展规律和年龄特点,遵循幼儿的生活经验,设计了相关活动。

主题课程的构架层层递进、螺旋上升。从聚焦生活中常见的、小小的窗花,到剪纸中美丽的纹样、了解其代表的美好寓意,再到丰富幼儿剪纸认知与经验,鼓励幼儿大胆设计与创意剪纸作品,分别形成了小班"美丽的窗花"、中班"吉祥剪纸"、大班"多彩的剪纸世界"三个主题活动。同时,主题活动沿着从幼儿的生活经验入手,以发现与探索周围环境中、社会生活中的剪纸艺术以及向艺术大师学习的线索,依据从单色到双色、再到彩色的剪纸表现形式,沿着从班级园所、到家庭、再到社区的活动范围变化路线,让幼儿在丰富多彩的活动体验中感受剪纸的独特魅力,潜移默化中根植下文化自信的种子,激发幼儿愿意继承和发扬中国的剪纸艺术的兴趣与愿望,培养民族自豪感。

二、主题活动目标

1. 情感与态度目标:在形式丰富的活动,加深对中国剪纸的认识和了解,萌发对中国剪纸艺术的浓厚兴趣和喜爱之情。在继承和发扬剪纸艺术的基础上,产生民族自豪感和认同感,为自己的祖国感到骄傲。

2. 知识与能力目标:通过了解剪纸的基本知识,知道剪纸的历史、题材、形式等,了解不同剪纸的基本特点,发现生活中的剪纸元素,尝试运用套色、点色、填色、衬色等不同的剪纸方法进行剪纸创作与文化创意。

3. 技能目标:学习正确使用剪刀的方法,在折、画、剪的过程中,锻炼剪直线、曲线、图形、简单纹样的能力,初步学习镂空、阳刻、阴刻的剪法,逐步提高剪纸的能力,发展手部活动的灵巧性以及手眼协调的能力。

4. 转化与发展目标:尝试不同形式的剪纸方法和内容题材,将自己的剪纸作品与家居、服装、饰品、玩具等自己的生活进行结合,创作具有特色的文化创意作品,让传统的剪纸形式焕发新活力。

三、主题活动预设

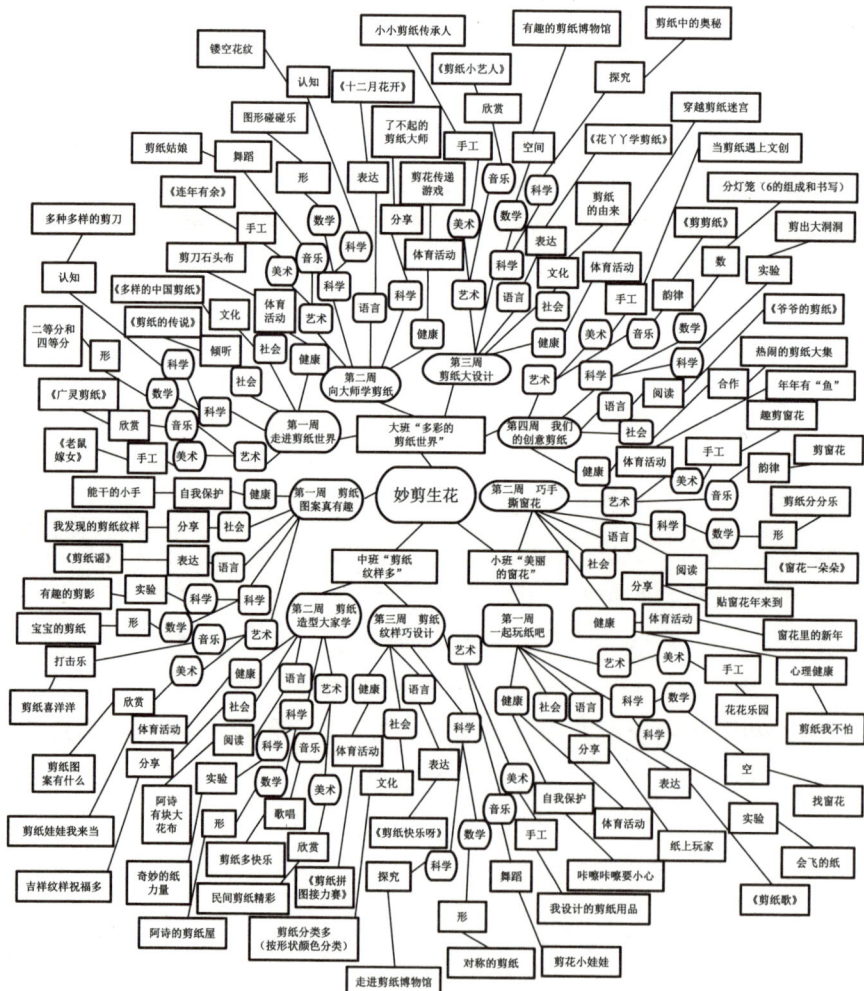

图1-1　主题活动预设图

大班教育活动设计"多彩的剪纸世界"

第二章

主题活动价值

剪纸,如同一幅幅历史画卷,轻轻铺展在世界文化遗产的璀璨星河之中。多年以来,它不仅承载着中华民族千年的智慧与情感,更是人类创造力与审美追求的代表。在联合国教科文组织认定的众多非物质文化遗产中,中国剪纸以其独特的艺术魅力,跨越时空的界限,成为连接过去与未来的桥梁,让世界各地的人们都能通过这一片片薄纸,感受到中华文化的博大精深与源远流长。

大班幼儿,正处于好奇心旺盛、探索欲强烈的年龄阶段。《3~6岁幼儿学习与发展指南》提出:创造条件让幼儿接触多种艺术形式和作品,观看或参与传统民间艺术活动,如剪纸等。运用幼儿喜闻乐见的形式和能够理解的方式激发幼儿爱祖国的情感。而吸引、鼓励、引导大班幼儿了解中国剪纸的历史、题材、特点等,就像是为他们打开了一扇通往中华优秀传统文化的大门。

本主题活动中,幼儿通过"走进剪纸世界""向大师学剪纸""剪纸大设计""我们的剪纸展"四个系列活动,在绘本共读、作品赏析、参观游览等丰富多彩的活动,直观感受北方派、江浙派、岭南派等主要流派的剪纸,感受地域间不同的艺术特色;通过认识库淑兰、李文玲等民间剪纸艺术家,从他们巧手翻飞间创造出的千变万化的作品中,体会他们对艺术的执着追求,感受传承精神的力量与温暖;另外,观察寻找生活中剪纸元素的丰富运用,不仅激发幼儿对传统文化的浓厚兴趣,更培养其创新意识与思维;最后,幼儿还会举办一场关于美好、关于梦想的专属剪纸展览,将剪纸艺术传承、传播下去。

主题活动目标

1. 情感与态度目标:对剪纸艺术产生浓厚兴趣与喜爱,在继承和发扬中国剪纸的基础上,体验传承的喜悦与成功感,萌发民族自豪感,为自己是一名中国娃而感到骄傲和自豪。

2. 知识与能力目标：了解中国剪纸的发展历史、题材、形式等，认识库淑兰、李文玲等几位中国民间剪纸大师及其代表作，感受他们作品的特点及传递的积极情感；能与同伴、老师、家人共同策划、准备、开设公益剪纸市集。

3. 技能目标：初步学习镂空、阳刻、阴刻的剪法，尝试运用套色剪纸、点染剪纸、衬色剪纸等多种形式，创意制作自己的剪纸作品，逐步提高剪纸的能力。

4. 转化与发展目标：运用热转印、热缩片加工、数字剪纸成图等多种形式，将传统剪纸运用到家居用品、服装鞋帽、饰品、工艺品等之中，跨时代碰撞，开设别具特色的剪纸作品展。

主题活动预设

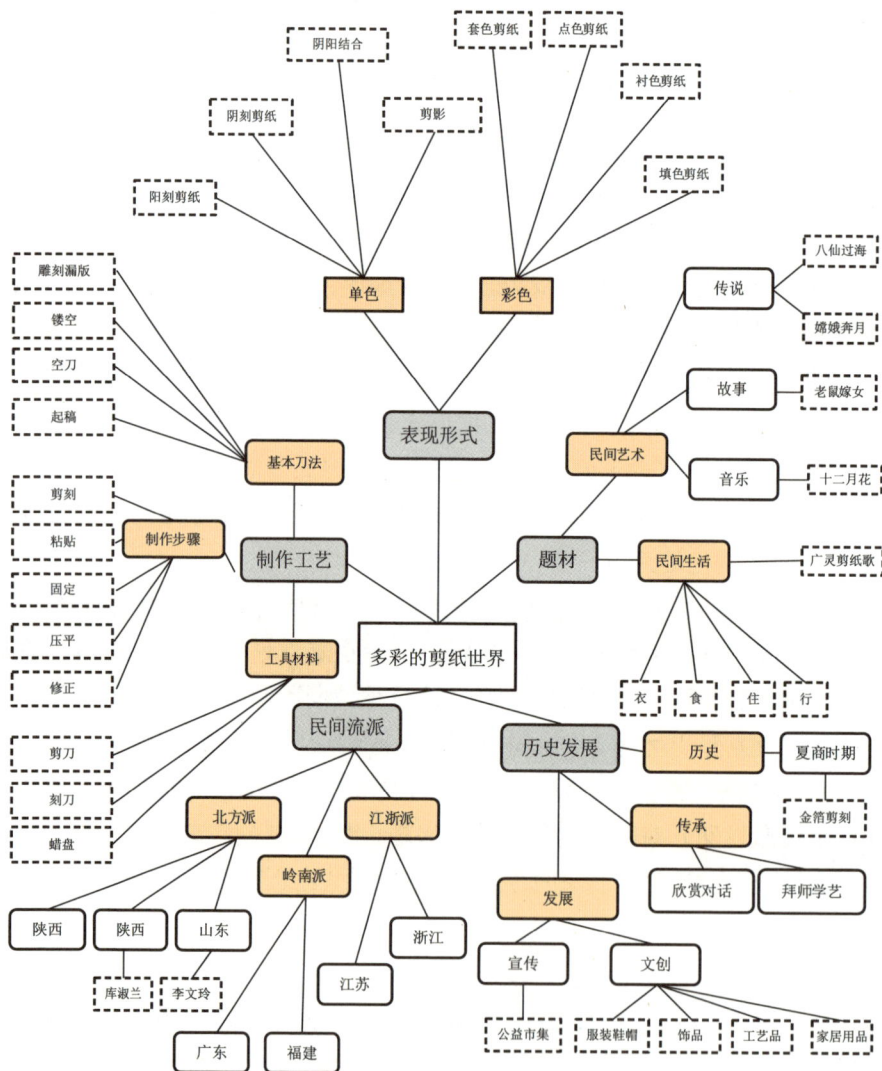

图 2-1　主题活动预设图

主题活动范围

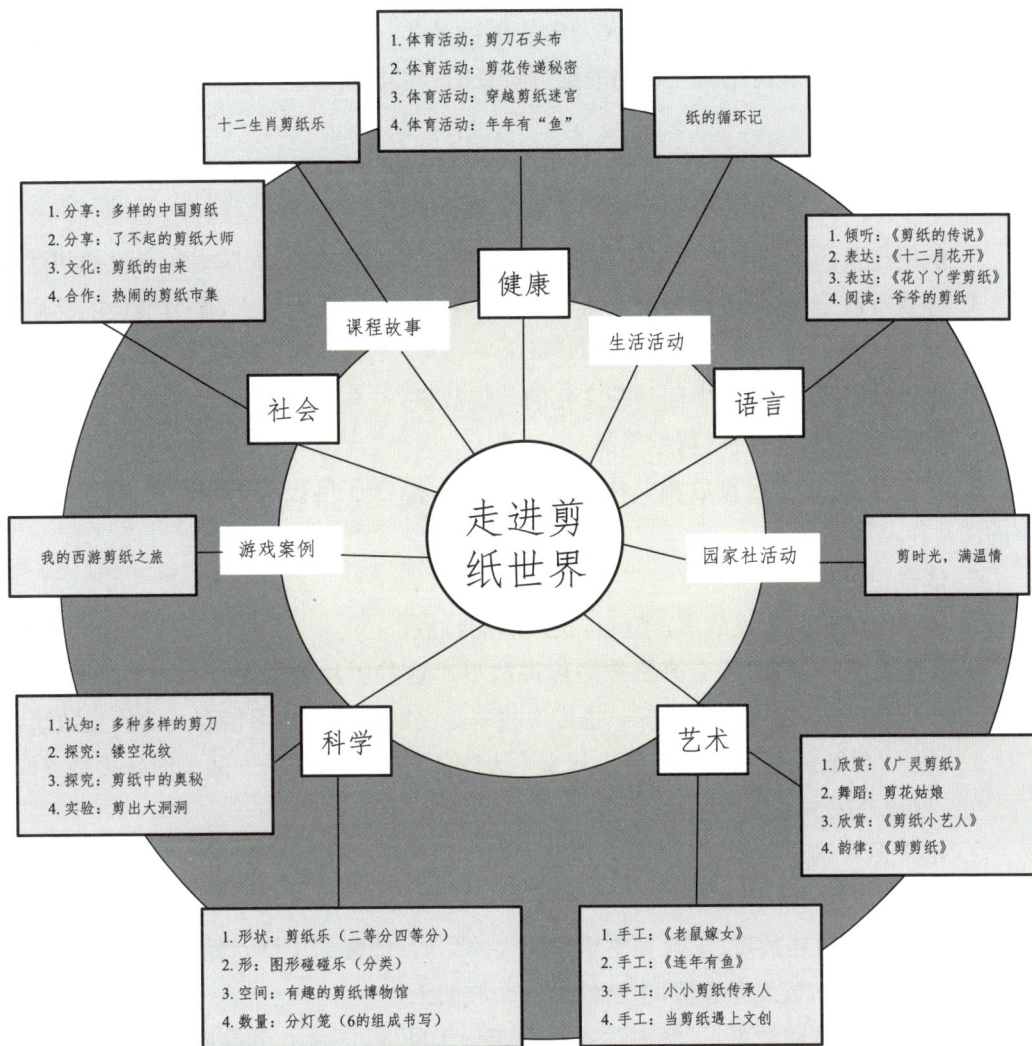

图中文字：

1. 体育活动：剪刀石头布
2. 体育活动：剪花传递秘密
3. 体育活动：穿越剪纸迷宫
4. 体育活动：年年有"鱼"

十二生肖剪纸乐

纸的循环记

1. 分享：多样的中国剪纸
2. 分享：了不起的剪纸大师
3. 文化：剪纸的由来
4. 合作：热闹的剪纸市集

1. 倾听：《剪纸的传说》
2. 表达：《十二月花开》
3. 表达：《花丫丫学剪纸》
4. 阅读：爷爷的剪纸

课程故事

健康

生活活动

社会

语言

走进剪纸世界

我的西游剪纸之旅

游戏案例

园家社活动

剪时光，满温情

1. 认知：多种多样的剪刀
2. 探究：镂空花纹
3. 探究：剪纸中的奥秘
4. 实验：剪出大洞洞

科学

艺术

1. 欣赏：《广灵剪纸》
2. 舞蹈：剪花姑娘
3. 欣赏：《剪纸小艺人》
4. 韵律：《剪剪纸》

1. 形状：剪纸乐（二等分四等分）
2. 形：图形碰碰乐（分类）
3. 空间：有趣的剪纸博物馆
4. 数量：分灯笼（6的组成书写）

1. 手工：《老鼠嫁女》
2. 手工：《连年有鱼》
3. 手工：小小剪纸传承人
4. 手工：当剪纸遇上文创

图 2-2　主题活动范围图

主题活动设计

第一周　走进剪纸世界

活动一　语言（倾听）——《剪纸的传说》

▶ 活动意图

《剪纸的传说》是中国民间流传较广的剪纸传说之一，故事充满温情，便于幼儿理解，它蕴含着主人公的善良有爱、吃苦耐劳、勤劳节俭的良好道德品质。《3～6岁儿童学习与发展指南》指出:为幼儿创设自由、宽松的语言交往环境,让幼儿想说、敢说、喜欢说并能得到积极回应。本活动让幼儿观看图片完整聆听故事,理解书生艰苦的生活环境;层层递进地理解书生善良有爱、助人为乐的道德品质;分段讲述,感受作品中老人传承剪纸技艺的初心,以及剪纸文化传递的勤劳善良的人间温情。

⬢ 活动目标

1. 欣赏故事传说,了解"剪纸传说"的来历,说出故事中人物的勤劳、节俭、善良、有爱的品质特点。

2. 能用连贯的语言大胆地讲述故事中书生救助老人的趣事,大胆表达自己的想法。

3. 喜欢听故事,传承发扬传说故事里书生的善良友爱、乐于助人、勤劳节俭的品质。

⬢ 活动准备

1. 知识准备:了解一些中国传统文化的传说故事。

2. 物质准备:活动课件、剪纸作品。

3. 环境准备:语言区投放相关传统文化故事绘本,美工区投放不同形式表征传说故事的图片作品等。

⬢ 活动设计建议

1. 谈话回忆相关传说故事,了解传说故事的特点。

出示传说图片,和幼儿交流熟悉的传说故事,"这些图片讲的是什么内容?你们都听过哪些中国的传说故事?"了解一些传说故事是民间流传的和习俗有关的历史故事。

2. 了解"剪纸传说"的来历,说出故事中人物的善良、友爱、乐于助人的品质特点。

(1)教师分段讲故事。

① 结合图片讲述故事,了解书生及家人的生活情况:听到这里,书生是一个什么样的人?他的家庭是一个什么情况?

② 结合图片讲述故事,了解书生乐于助人的品质:他碰到了谁?他做了什么?这个过程中,通过哪些细节或者事情,了解他是什么样的人?

③ 结合图片讲述故事,了解书生不怕困苦乐于助人、不贪心的品质:为什么他的家人生病了,他都吃不饱穿不暖,还要把食物留给老人呢?老人为什么把福字撕了?

④ 结合图片讲故事,了解书生的德善品质,理解老人传授技艺的目的,学习书生的勤奋节俭、不贪心的良好品质。

老人传授的技艺是什么?老人为什么要把剪纸技艺传给书生?书生得到老人的技艺和馈赠是怎么想的怎么做的?

(2)教师完整讲述故事,引导幼儿感受作品中老人传承剪纸技艺的初心,以及剪纸文化传递的勤劳善良的人间温情。

(3)再次完整听故事,教师用图示帮助幼儿理解故事内容,并表达分享自己对故事的理解。

3. 联系生活经验,学习书生助人为乐、善良友爱的好品质:说一说自己要怎么做?

▶ **活动延伸**

画出自己心目中剪纸,区角中和老人学剪花。

附故事

汉朝,纸刚问世。一书生才华横溢却落魄不堪。家中妻子似玉体弱多病,儿子碧玉年仅六岁。生活艰难,全靠似玉做针线活贴补家用。

寒冬腊月,年关将至,似玉病情加重,卧床不起,家中米粮告急。书生无奈,前往大户人家,恳请以写字换钱,却遭拒绝,只得饿着肚子往家赶。

途中,天降大雪。快到家时,书生见一老太倒在门口,衣衫褴褛,手持棍碗。他心生怜悯,将老太扶进屋内。进屋后,书生向似玉说明情况,碧玉赶忙烧水,似玉强撑着用仅剩的米熬了碗稀粥。老太苏醒后,书生喂她喝下。老太邀大家一起吃,似玉推辞,让老太先吃。

书生发愁晚饭,便在捡来的纸上写"福"字。老太喝完粥,看出似玉身体不适,给了她一包草药,称能治病。接着,老太竟撕了"福"字,书生不解。碧玉展开,只见福字被大鱼环绕,更具立体感,惊喜不已。

随后,老太掏出钱,夸赞一家人勤劳善良,劫难已过。称这些钱可让他们过年,还说似玉此后不再生病,碧玉前程似锦,并传授似玉一门能让字变特别的手艺,拿去集市能卖钱。

书生这才知老太是神仙所托,忙带妻儿跪地叩谢,询问身份。老太表示,自己受神仙之命,来寻德善之人传授这个技能。

活动二　社会(分享)——多样的中国剪纸

▶ **活动意图**

剪纸源于中国的民间艺术,剪纸文化本身具有多样性。《3～6岁儿童学习与发展指南》指出,幼儿在与他人交往的过程中,学习如何看待自己、对待他人,产生对社会的认同感。大班幼儿愿意主动发表自己的见解和想法。通过幼儿在自主自由的环境中主动发起讨论,大胆分享表达中国剪纸的不同种类和流派的主要特点;通过感知、欣赏、操作等形式,初步了解剪纸的多样性;沉浸式欣赏中国剪纸展览,激发对民间艺术尊重与喜爱的情感。

▶ **活动目标**

1. 了解中国剪纸的不同种类和流派的主要特点,会主动发起活动讨论。

2. 能够大胆、清楚地表达剪纸作品的不同,敢于坚持自己的理由,分享交流并说出自己的想法。

3. 喜欢合作并分享交流,萌发对中国剪纸文化的自豪感。

▶ 活动准备

1. 知识准备：认识和了解不同种类的剪纸流派，初步了解他们的剪纸风格和特点。

2. 物质准备：课件，各流派主要代表作品装饰好的场景，剪纸工艺品，自制剪纸礼品盒、自制贺卡若干，各流派剪纸作品分类盒和图片。

3. 环境准备：布置剪纸作品欣赏区。

▶ 活动设计建议

1. 音乐声中参观欣赏剪纸作品展览，发现剪纸在生活中的广泛应用。

教师带领幼儿欣赏剪纸作品：你最喜欢哪个剪纸作品？这是我们国家哪一流派作品？平时在什么地方见过它？你知道它是什么意思吗？谁也来继续分享一下你看到的？

引发幼儿了解剪纸在生活中的广泛应用，可以进行装饰，也可以作为礼品赠送，还可以变成好看的舞蹈、动画片。

2. 自主与同伴分享讨论交流自己的发现，结合图片视频了解中国剪纸的不同流派特点。

（1）幼儿主动分享自己的发现：谁来介绍一下这些作品，他们都是中国哪个地方的艺人创作的？有什么特点呢？小朋友心里感觉怎样？激发幼儿民族自豪感。

（2）出示图片视频深入了解各个派系的剪纸特点。

了解中国各剪纸派的创作特点：江浙派——江苏省、浙江省，山西省、陕西省、山东省的"北方派"，广东省、福建省的"南方派"，产生对中国剪纸文化的喜爱之情。

（3）分组分类游戏，巩固认识和区分三个派系剪纸的作品，请幼儿进行集体分享。

3. 观看剪纸文化对世界的影响视频，动手制作成剪纸宣传册，鼓励幼儿争当传承剪纸文化小小传承人。

引导幼儿分组进行分工合作，将剪纸作品、今天的介绍、作品呈现图片等进行分类，粘贴成剪纸文化宣传册，引导幼儿宣讲人练习讲述宣传内容，向身边的人进行推广宣传。

◆ 活动延伸

亲子寻访欣赏生活中的剪纸艺术，深入了解各个地域剪纸的不同风格。

附素材

"江浙派"剪纸以江苏扬州剪纸为代表。扬州是我国剪纸流行最早的地区之一，扬州剪纸历史悠久、源远流长。相传隋炀帝三下扬州，广筑离宫别馆，恣意游乐。每到冬天，园林中花树凋零，池水结冰，隋炀帝游兴不减，令宫女们仿照民间剪纸，用彩锦剪为花叶，点缀枝条挂于树上。同时剪成荷花、菱芰、藕芰等物，去掉池中冰块，逐一布置水上，如同春夏之交的艳丽景色，让人赏心悦目。唐代，扬州已有剪纸迎春的风俗。

"南方派"剪纸以画为稿，构图简练、形象夸张简洁、技法变中求新、线条流畅，显得清秀挺拔,给人以厚实完整之感,具有优美、清秀、细致、玲珑的艺术风格南方剪纸主要由广东、福建、湖南、湖北等地构成。

"北方派"剪纸以朴实生动为美,生活气息浓郁,其特点是天真浑厚,粗犷写意,质朴夸张。北方剪纸大多运用大块面,以"阳剪"为主。其选材多为人物活动、花鸟鱼虫、飞禽走兽、民间故事传说等,造型严谨,民间风味十足。群秀之中,蔚县剪纸、陕西剪纸、山东剪纸、山西剪纸、甘肃剪纸等各显魅力。

图 2-3 南方北方剪纸欣赏图

活动三 艺术(欣赏)——《广灵剪纸》

▶ 活动意图

《广灵剪纸》是山西民间传统歌曲,音色优美高亢,情感真挚,以民间智慧描绘出一幅幅真实生动的历史画卷。《3～6岁儿童学习与发展指南》指出,应该充分创造条件和机会,让幼儿萌发对音乐的体验和感受。大班幼儿喜欢用自己的方式表达音色、强弱、快慢的感受。本活动通过完整欣赏音乐,感受音乐欢快的民族曲风;让倾听、唱歌、表演等相互融合,鼓励幼儿用动作表达对音乐的感觉;欣赏广灵本土音乐视频,激发幼儿热爱民间艺术的美好情感。

▶ 活动目标

1. 欣赏音乐《广灵剪纸》,感受山西民间音乐的欢快旋律,了解山西民歌悠扬高亢、粗犷奔放的特点。

2. 理解歌词中不同剪纸作品所表达的吉祥寓意,并大胆用有特点的动作表现歌曲。

3. 喜欢不同风格的乐曲,在欣赏音乐的过程逐步萌发审美情趣,愿意和同伴合作用动作进行创编表现。

▶ 活动准备

1. 知识准备:对广灵剪纸有所了解,知道阴刻、阳刻的特点;音乐区和空闲时间,经常播放歌曲,帮助幼儿熟悉音乐旋律,会唱或哼唱剪纸寓意那段歌词音乐。

2. 物质准备:视频、图谱、课件、刻刀等。

3. 环境准备:适合表演的活动场地。

活动建议

1. 播放山西民歌《广灵剪纸》，唤起幼儿欣赏音乐倾听的热情。

聆听歌曲旋律，引发参与活动的兴趣："这是什么旋律的歌曲？是中国哪个地方的乐曲呢？"感受不同的民族音乐曲风的特点。

2. 播放有旋律背景的视频，了解广灵剪纸的特点，帮助幼儿理解歌词内容。

（1）完整聆听，理解广灵剪纸的特点，运用图谱初步感受山西民歌的韵味：你听到歌里唱到了什么？剪出来的作品代表什么寓意呢？

（2）通过游戏，体会山西民歌悠扬高亢、粗犷奔放的特点。

"哎"是什么意思？你尝试一下？鼓励幼儿唱出山西民歌的韵味。

（3）再次聆听音乐旋律，用动作表现阳刻和阴刻的不同：广灵剪纸是用什么工具进行制作呢？可以用什么动作表现阳刻和阴刻的不同？鼓励幼儿用动作进行表现。

3. 在《广灵剪纸》音乐旋律的伴随下观看视频，欣赏各种不同的剪纸作品，鼓励幼儿用不同动作表现自己对音乐的感受。

活动延伸

在区角中投放相关图片和音乐，鼓励幼儿在区角活动中运用道具、不同的动作、有节奏地自由表演。

附音乐素材

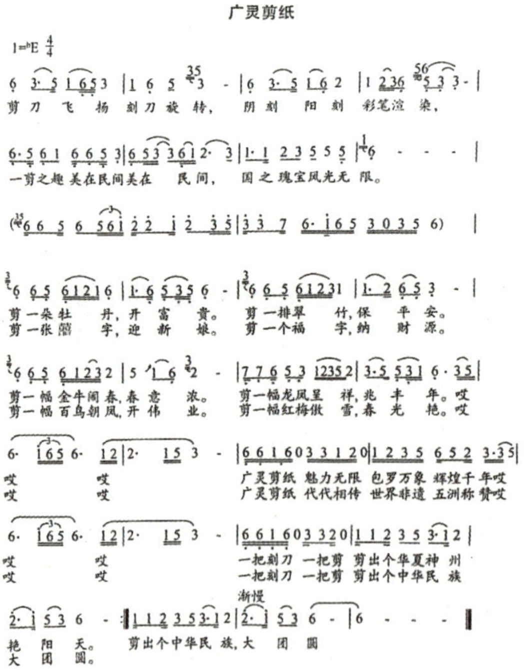

图 2-4 《广灵剪纸》乐谱

图 2-5　广灵人民剪纸乐

图 2-6　包罗万象

图 2-7　中华民族大团结

活动四　艺术（手工）——《老鼠嫁女》

● 活动意图

《老鼠嫁女》是幼儿十分喜欢的民间故事，因地方特色浓厚，生活气息鲜明，特别适合大班幼儿通过合作用剪纸故事的方式进行表征。《3～6岁儿童学习与发展指南》指出：创造条件让幼儿接触多种艺术形式和作品，鼓励幼儿共同积极参与传统民间剪纸艺术活动。在本次活动中幼儿通过欣赏民间剪纸艺术，了解剪纸的表现方法和特点；在观察、比较、操作中探索，合作剪出老鼠嫁女儿的热闹场面的场面；通过合作剪纸的过程，体验民间剪纸的艺术美，感受人们对追求美好生活的吉祥愿望。

● 活动目标

1. 感受民间剪纸作品热烈、喜庆、夸张的艺术风格，了解民间故事"老鼠嫁女"的剪纸特点，初步尝试对称剪纸。

2. 通过观察、比较的方法，探索合作剪出老鼠嫁女儿的热闹场面。

3. 欣赏民间剪纸的艺术美，感受人们对追求美好生活的吉祥愿望，体验同伴合作剪纸的快乐。

● 活动准备

1. 知识准备：会说童谣《老鼠嫁女》，了解老鼠嫁女的民间故事。

2. 物质准备：活动课件，剪纸作品，红色纸张、剪刀、胶棒等美工用具。

3. 环境准备：语言区提供绘本故事《老鼠嫁女》。

▶ 活动设计建议

1. 回顾朗诵童谣《老鼠嫁女》，激发幼儿对故事情节的回忆及兴趣。

教师出示图片，激发幼儿回忆故事内容："你看到了谁？他们在干什么？"引发幼儿集体回忆，朗诵《老鼠嫁女》的童谣，激发幼儿参与活动的兴趣。

2. 通过欣赏、观察、比较，发现对称剪纸的特点。了解剪纸的艺术表现特点。

（1）出示民间剪纸作品《老鼠嫁女》进行交流：这幅《老鼠嫁女》是用什么方式做出来的？它是贴在什么地方的？为什么要贴在这里呢？

（2）了解《老鼠嫁女》剪纸作品的寓意：因为人们不喜欢偷吃粮食的老鼠，所以过新年时，家家户户会剪"老鼠嫁女"的剪纸贴在窗户上，代表把老鼠送出去，新的一年里生活更加美好。

（3）教师与幼儿观察交流发现剪纸喜庆、热闹的特点：绘画的老鼠和剪纸老鼠有什么不同？为什么要用红色的纸剪？你看到这些红色的剪纸有什么感觉？

（4）通过观察、对比发现并学习对称剪纸的方法：花纹有什么不同？怎么才能剪出漂亮的花纹？怎么能剪出两只一模一样抬轿的老鼠和好看的花轿呢？

3. 分工合作后展示作品，体验合作剪纸的乐趣。

鼓励幼儿用对称剪的方法，剪出送亲的老鼠和花轿，通过分组探索合作，剪出老鼠嫁女儿的热闹场面的场面。

▶ 活动延伸

进行生成教育活动，鼓励幼儿继续运用剪纸的方法根据兴趣剪出其他花纹组合；也可以继续剪出老鼠嫁女的其他部分。

附作品素材

图 2-8 《老鼠嫁女》剪纸作品

活动五 科学（认知）—— 多种多样的剪刀

活动意图

剪刀是生活中常见的劳动工具，大班幼儿喜欢观察周围的事物，对不同形状的剪刀及其用途有浓厚的探究兴趣，喜欢积极动脑，自己寻找答案。《3～6岁儿童学习与发展指南》中指出，幼儿科学学习的核心是激发探究兴趣，体验探究过程，发展幼儿的探究能力。本活动中创设剪刀展览台的情景，迁移生活经验，引导幼儿通过观察、比较、操作，运用表格记录统计和自主操作体验等方法，与同伴自主体验探究的过程，探索特殊剪刀的造型和用途，懂得正确且安全地使用剪刀，学会保护自己。

活动目标

1. 认识各种各样的剪刀，了解它的特点，会正确使用剪刀。
2. 观察、比较、统计、归纳等方法自主探索特殊剪刀的造型和用途。
3. 萌发对剪刀不同用途的探究兴趣，会安全使用剪刀。

活动准备

1. 知识准备：知道剪刀的基本用途，搜集生活中的剪刀，并画下来。
2. 物质准备：各种各样的剪刀、图片，胶水、纸若干、课件、表格。
3. 环境准备：布置剪刀博物馆的场景。

活动设计建议

1. 猜谜语，激发幼儿参与活动的兴趣。

教师与幼儿猜谜语："兄弟两弯腰，个子一样高，一旦舞大刀，哥俩互相咬。"

引导幼儿说出谜底，激发参与活动的兴趣。

2. 观察和比较不同的剪刀特征，自主探索多种剪刀的不同特点和用途。

（1）出示图片认识普通剪刀，学会安全正确地使用剪刀：剪刀是什么样的？日常是用来做什么的？使用时要注意什么？

（2）参观剪刀博物馆，自主发现各种各样剪刀的不同：你看到了生活中还有哪些剪刀？它们是什么样的？有什么用途？

（3）幼儿分组用表格记录自己的发现，集体分享交流自己的想法，发现各种剪刀的不同用途。

（4）相同点：都叫剪刀，都可以用来剪东西，都有一个轴，都有刀刃。

不同点：外形不同，用途不同。如花枝剪、理发剪、布料剪、指甲剪。

3. 分组体验各种剪刀剪纸的使用方法，学习正确安全地使用剪刀。

分组用不同的剪刀剪纸，感受剪刀剪纸的乐趣，能安全正确地使用剪刀。

活动延伸

在生活中寻找各种各样的剪刀，了解它们的特点和用途，把自己的发现画下来与同伴分享。

附表格

表 2-5　多种多样的剪刀统计表

剪刀	画出形状	用途

活动六　数学（形）——二等分和四等分

活动意图

《3～6岁儿童学习与发展指南》指出：引导幼儿对周围环境中的数、量、形、物体、空间、时间等现象产生兴趣。等分是生活中常见的数学活动，趣味剪纸活动，更离不开对"等分"的活动探索。因此，活动中幼儿通过游戏、操作、自主探索发现来对物体进行等分，老师支持、鼓励幼儿独立解决问题，发展幼儿数学思维，调动幼儿参与活动的积极性，促使幼儿获得运用数学知识解决问题的认知经验。

活动目标

1. 学习将对称图形进行二等分和四等分的不同方法，知道部分小于整体，整体大于部分。

2. 积极思考并大胆尝试二等分和四等分对称图形的不同方法，能利用二等分知识解决生活中的问题。

3. 喜欢动手操作，乐于分享二等分和四等分对称图形的方法，体验数学活动的乐趣。

活动准备

1. 知识准备：学习过对边折、对角折。

2. 物质准备：课件，圆形、正方形等操作纸人手一份，剪刀若干，生活食物图片和纸若干

3. 环境准备：在教室里布置活动主题展示墙。

活动设计建议

1. 游戏情境导入，激发幼儿参与活动的兴趣。

创设派派到麦麦家做客的情境:"两人都想吃妈妈烤的比萨,怎样才能分成一样大的两块比萨呢?"激发幼儿动手操作的兴趣,按照自己方法进行二等分。

2. 自主探索,学习将对称图形进行二等分、四等分的正确方法。

(1)幼儿动手操作二等分,比较自己所分的两块比萨的大小:"你分的两块比萨真的一样大吗?你是怎么知道的?"

(2)教师讲解演示二等分比萨的方法。

(3)创设四人做客的情景,探索四等分的分法:"四个小朋友想分得一样多,怎样才能分成一样大的四块比萨呢?"幼儿动手操作验证。

(4)幼儿理解部分与部分、整体与部分的关系:二等分后,其中的任意一部分是整体的一半;部分小于整体,整体大于部分。

3. 巩固操作练习,为不同的图形进行二等分和四等分。

通过对不同形状的图片进行二等分和四等分的练习,幼儿发现和区分多种等分的方法。

活动延伸

在生活活动、加餐过程中,运用二等分、四等分的方法解决生活中的问题,如饼干如何二等分?手帕如何四等分?

附图片

图 2-9　分比萨情境图

活动七　健康(体育活动)——剪刀、石头、布

活动意图

"剪刀、石头、布"是我国传统的民间体育游戏,深受孩子们的喜爱。把剪刀石头布的手上游戏创新为手脚并用游戏,符合大班幼儿活泼好动的个性特点。《3～6岁儿童学习与发展指南》指出:利用多种活动发展幼儿动作的协调性和灵活性。本活动幼儿需要用手脚表示"石头、剪刀、布",结合三个手势创作出剪纸作品,让儿童在游戏中锻炼身体,在剪纸的过程中锻炼手眼协调和精细动作技能,通过将动手操作和身体运动相结合,让他们在玩乐中促进身体全面发展。

▶ 活动目标

1. 熟练掌握游戏的基本玩法及手脚同时做石头、剪刀、布的动作。

2. 明确游戏规则,能够在躲闪跑中练习快跑 25 米,增强手脚协调和身体灵活应变的能力。

3. 与同伴协商合作游戏,体验游戏带来的挑战与快乐。

▶ 活动准备

1. 经验准备:幼儿有玩石头剪刀布的游戏经验。

2. 物质准备:红色石头剪刀布剪纸标志和蓝色石头剪刀布剪纸标志若干,音乐。

3. 环境准备:"攻城"和"夺宝"活动场地。

▶ 活动设计建议

1. 热身活动,出示红色石头剪刀布剪纸标志和蓝色石头剪刀布剪纸标志,引起幼儿兴趣。

（1）教师出示石头剪刀布标志:"你知道它们是什么吗？用它们可以怎么玩？"请幼儿用身体动作来表示玩石头剪刀布。

（2）教师和幼儿一起探索用脚来表示石头剪刀布:"你们的脚可以怎样表示剪刀石头布呢？"幼儿讨论、尝试。

2. 与同伴协商合作玩"攻城"游戏,体验游戏带来的挑战与快乐。

（1）教师带队玩"攻城"游戏,幼儿分成红队和蓝队两队,由两个教师分别带领一队,集体玩"攻城"游戏,看哪一队胜利。

（2）集体玩"夺宝"游戏。

教师讲解玩法:刚刚小朋友都按照进行了"攻城"的游戏,现在增加难度,被抓住的小朋友要从自己家里面拿出一个石头剪刀布剪纸标志送给对方,直到一方的标志都被夺走,游戏结束。

3. 模拟剪刀、石头、布,根据音乐做放松活动。

引导幼儿在放松中回顾游戏过程,分析讨论为什么会赢会输,还可以怎么玩？

▶ 活动延伸

户外游戏时,还可以和幼儿进行多次剪刀石头布的游戏,并逐渐提高游戏难度。

附游戏玩法

石头剪刀布是一种简单有趣的游戏,通常由两个人玩。玩法如下。

1. 双方面对面站立,同时大声喊出"石头、剪刀、布"。

2. 在喊出"布"的同时,双方需要迅速伸出手掌,做出以下三种动作。

石头:握拳（双脚并拢）,表示石头;

剪刀:伸出食指和中指,其余手指弯曲（两脚前后站立）,表示剪刀;

布:手掌张开,五指分开（两脚平行分开站立）,表示布。

3. 判断胜负。

石头胜剪刀:石头可以砸碎剪刀;

剪刀胜布:剪刀可以剪破布;

布胜石头:布可以包裹石头。

4. 如果双方出的手势相同,则为平局,重新开始游戏。

5. 游戏可以进行多轮,直到一方获得胜利或达到预定的回合数。

附图片

图 2-10　幼儿进行"石头剪刀布"游戏

第二周　向大师学剪纸

活动一　社会(分享)——了不起的剪纸大师

▶ 活动意图

我们从身边著名的李文玲老师和中国剪纸大师库淑兰的身上了解大师们剪纸的历程和作品的艺术价值,使剪纸得到更悠久的发扬和传承。《3～6岁儿童学习与发展指南》指出:让幼儿在积极健康的人际关系中获得安全感和信任感,在良好的社会环境及文化的熏陶形成基本的认同感和归属感。本活动让幼儿自主探寻剪纸大师的情况完成调查问卷,通过交流分享、直观视频、图片讲述等方法了解剪纸大师的作品风格和人文情怀,从而体验大师剪纸生涯中对生活的热爱和乐观向上的精神状态,产生弘扬传统文化的热情,争做小小传承人。

▶ 活动目标

1. 了解李文玲和世界大师库淑兰的剪纸作品特点,愿意向同伴分享自己的发现。

2. 理解大师作品所传递的审美情趣,感知她们创作背后的生活状态和生活乐趣。

3. 感受大师作品的作品风格,体验剪纸过程中手工艺人的兴趣热爱、坚持不懈、不怕艰苦、乐观向上的精神情感。

▶ 活动准备

1. 知识准备:了解南北方剪纸特点,探寻了解剪纸大师的作品,完成调查问卷。

2. 物质准备:剪纸作品课件、剪刀、各色彩纸、彩笔等。

3. 环境准备：在教室里布置活动主题展示台。

⬢ 活动设计建议

1. 交流调查问卷，帮助幼儿梳理搜集的信息，激发参与活动的兴趣。

幼儿通过交流探讨剪纸大师的调查问卷，向我们介绍自己的发现，教师帮助展示各位大师的素材，引导幼儿说出大师的名字、流派、不同时期的作品风格以及喜欢这位大师的原因。

2. 了解李文玲和库淑兰大师的剪纸作品，感受她们热爱剪纸的情怀。

（1）感受作品《奥运之路》中描绘出 2008 奥运火炬全球传递各个城市的风土人情和标志建筑，引导幼儿了解李文玲老师的生活环境、剪纸兴趣、剪纸绝活以及为海军和奥运会贡献的剪纸作品，感受她用灵巧的双手用剪刀剪刻出中国人的人文风情，向世界传递中国的传统文化，知道她是中国青岛著名的非遗传承人。

（2）感受作品《剪花娘子》中彩剪的艺术表现形式以及人物传递出乐观、积极向上的精神，引导幼儿了解库淑兰老师的成名历程、生活的艰苦、坚强乐观的生命状态，从而成为中国民间剪纸艺术杰出的代表人物之一，中国民间工艺美术大师，被誉为"剪花娘子"。

3. 跟随大师学习剪纸，用自己喜欢的大师风格进行作品创作。

引导幼儿选择自己喜欢的大师作品的风格制作一幅简单的剪纸作品，并在班级中进行展览，同伴间相互欣赏并向大家介绍自己喜欢的大师的人生和作品。

⬢ 活动延伸

生成美术活动，跟随大师的作品，鼓励孩子们用绘画、套色、拼贴等方法表现大师的作品。

附素材

李文玲：今年 70 岁的民间剪纸艺人李文玲，祖籍青岛平度，很小的时候就来到当时还是老沧口的李沧。结缘剪纸，离不开奶奶的言传身教和耳濡目染。李文玲 6 岁起开始跟奶奶学剪纸，用小小的剪刀剪出了属于自己的一片天地。李文玲和剪纸结缘是因为奶奶，李文玲的奶奶是远近闻名的巧媳妇，逢年过节，奶奶都要剪上一些好看的窗花、过门笺、顶棚花等寓意美好的剪纸送给邻居。"有一年过年，奶奶做了很多馒头，放在炕上发酵，怕我在炕上玩闹压坏了馒头，便让我坐下学剪纸。"李文玲说。奶奶当时剪了一只栩栩如生的蝴蝶，李文玲当场便着了迷，自己拿着小剪刀像模像样地比画，从此一发不可收。

李文玲在继承了奶奶的剪纸传统技艺的基础上，潜心钻研，创造了"十剪子"剪纸法，这一技艺在 2005 年青岛市开展的"双学三创"活动中被评为"十剪绝活"。同时，凭着自己的艺术灵性，她将身边的"美"、现代生活中的"时代感"等与传统技艺结合，给传统的剪纸艺术赋予了新的生机与活力，也迎来了自己创作生活的飞跃和升华。2004 年，李文玲被中国民俗学会、青岛市文化局评为"剪纸艺术大师";2006年获青岛市委、市政府颁发的"剪纸绝活"荣誉证书;2008年,李文玲创作出21米长的大型剪纸《奥运之路》,惟妙惟肖地描绘出2008奥运火炬全球传递各个城市的风土人情和标志建筑,并将这幅历时一年完成的作品献给了奥林匹克帆船博物馆。为庆祝中国海军节,她耗费半月时间,创作出一幅长1.85米、宽1米充满海军元素的剪纸作品。

李文玲多次随青岛政府代表团出访日本、德国、法国、英国等多个国家,用中国优秀的剪纸艺术缔结中外友谊。2005年赴日本爱知参加世界博览会,2006年赴法国南特国际博览会,向世界展示了中国剪纸艺术的神奇和魅力。更令李文玲感到自豪的是,她曾为习近平总书记、时任国务院副总理吴邦国等党和国家领导人现场剪纸。

图2-11 李文玲剪纸作品

库淑兰:库淑兰只是一位普通农村妇女,但她的作品显露出超凡的艺术创造力。在20世纪末中国民间艺术热潮中被发现的艺术家中,库淑兰是颇具代表性的一位。库淑兰特有的彩贴剪纸风格在民间艺术沃土上熠熠发光,早已为美术界熟知,库淑兰的剪纸在其60岁时才被发现,后来她竟奇迹般地踏入了世界级艺术大师的行列。她的作品在世界多个国家和地区展出,被美术馆、收藏家收藏。一时间,众多权威学者、媒体、出版社纷纷将目光投向旬邑这个偏远的小县城。库淑兰常常将"剪花娘子"画像贴在各个墙面的中心位置,包括她的巨幅作品《剪花娘子》(该作品是多位民间艺人的合作作品,但总体布局由库淑兰主创)。追求现实空间与精神空间的统一,使她的作品在特定空间下更具有感染力,也更容易被理解。1920年出生的库淑兰不仅长期背负家庭经济重担,还多次经受子女夭折的痛苦。她经常在对话和歌谣中哀叹她遭遇的不幸,但我们在她的作品中看到的却是缤纷灿烂、美好和谐、女性化了的画面。

图2-12 库淑兰剪纸作品

活动二 语言（表达）——《十二月花开》

▶ **活动意图**

幼儿对大自然充满了好奇,虽然喜欢身边的花花草草,但很少去关注花的开放日期,《十二月花开》这首儿歌按照月份排序将每个月份花朵的绽放描绘了出来,大班幼儿能更好地记忆,能让我们的生活充满诗情画意。《3～6岁儿童学习与发展指南》指出,为幼儿提供想说、敢说、喜欢说的环境,培养幼儿语言表达能力。本活动通过生活经验迁移、游戏翻翻乐、多种形式的朗读等方式,不仅能让孩子们感受到诗歌优美的语言,丰富了有关花期的知识,感受着自然给他们心灵上的愉悦,体验和同伴朗诵儿歌的乐趣。

▶ **活动目标**

1. 认识十二个月中有代表性的花卉,说出它们的名称和主要特征。

2. 能说出自己喜欢的花的特征,用比较恰当的语言对花进行描述,丰富词汇。

3. 感受童谣儿歌的韵律美和意境美,体验和同伴一起朗诵儿歌的乐趣。

▶ **活动准备**

1. 知识准备:了解一年有十二个月,观察常见花卉名称,了解每个月的主要花卉名称。

2. 物质准备:十二月花的图片课件。

3. 环境准备:在教室里布置活动主题展示墙。

▶ **活动设计建议**

1. 谈话引发幼儿迁移生活经验,激发幼儿参加活动的兴趣。

教师与幼儿谈话,引发幼儿回忆生活经验:"你都认识哪些花? 它们叫什么名字? 在哪里见过? 它长得什么样子? "从而引发幼儿参加活动的兴趣。

2. 初步感受诗歌韵律美,通过游戏观察图片讲述花的名称和特点。

（1）出示花的图片,引导幼儿观察,说出认识的花名:"你认识哪些花? 它是什么样子的? "

（2）通过交流帮助幼儿了解十二个月有十二个主要的花开:一年有几个月? 你知道这些花都在几月开呢?

（3）完整欣赏童谣,感受童谣的韵律美:"你听到了哪些花? 都是几月开? "

（4）创设游戏猜花名,幼儿说对的花就会翻转图片,激发幼儿理解童谣记忆花名的兴趣。

（5）不同方式朗诵儿歌:跟随教师朗诵、完整朗诵、一人半句接诵等,说准诗歌中的词汇。

（6）"说说我的幸运花",激发幼儿朗诵兴趣:花开带给人们好心情,还会为在这个月出生的人带来好运,你的幸运花是什么?

3. 创编歌词,感受自编儿歌的乐趣。

引导幼儿根据生活经验说说每个月还开什么花,围绕颜色和花的特点,仿编儿歌。

▶ **活动延伸**

语言区提供十二月花的图片,供幼儿自由讲述;亲子睡前进行诵读。

附儿歌和图片

十二月花开

正月迎春花儿黄,

二月春兰花正旺;

三月桃花粉红妆,

四月蔷薇爬满墙;

五月榴花红似火,

六月杜鹃吐芬芳;

七月荷花满池塘,

八月桂花醉人香;

九月菊花初绽放,

十月茉莉满堂香;

冬月水仙共欣赏,

腊月梅花雪里藏。

 正月迎春花

 二月春兰花

 三月桃花

 四月蔷薇

 五月石榴

 六月杜鹃

图 2-13 十二月花

七月荷花

八月桂花

九月菊花

十月茉莉

冬月水仙

腊月梅花

图 2-13　十二月花（续）

活动三　美术（手工）——《连年有鱼》

活动意图

"连年有鱼"图，是莲花与鲤鱼组成，借莲与"连"、鱼与"余"的谐音，表示对生活优裕、财富有余的愿望。通过欣赏蔚县艺人任志国老师的《连年有鱼》剪纸作品，大班幼儿可以了解中国传统美术借用谐音取其吉祥寓意的创作方法。《3～6岁儿童学习与发展指南》指出，要提供多种艺术表现形式供幼儿欣赏，提升幼儿的审美情趣。本活动通过欣赏、视频、交流分享、体验操作等方式，让幼儿了解剪纸连年有鱼的寓意及剪纸特点，学习彩色剪纸染色的方法，从而感受彩剪作品中图案、造型及色彩美，产生热爱民间艺术剪纸的情感。

活动目标

1. 了解剪纸连年有鱼的寓意及剪纸特点，学习彩色剪纸染色的方法。
2. 能用画剪染的方式，剪出鱼儿和莲花的外形。
3. 感受剪纸图案、造型及色彩美，产生热爱剪纸艺术的情感。

活动准备

1. 知识准备：了解剪纸的多种形式。
2. 物质准备：活动课件、颜料、毛笔、宣纸。
3. 环境准备：在教室里布置活动主题展示墙。

◆ **活动设计建议**

1. 欣赏彩剪图片,激发幼儿参与活动的兴趣。

教师出示任志国老师的彩剪作品,引导幼儿发现彩色剪纸的特点:"这些剪纸是什么? 有什么颜色? 什么图案?"引发幼儿参与活动的兴趣。

2. 了解任志国和他的彩剪艺术风格,知道剪纸的寓意和多种彩剪的方法。

(1)欣赏作品《连年有鱼》,引导幼儿从颜色、图案、造型方面进行观察。

(2)了解中国剪纸《连年有鱼》是由莲花和鲤鱼组成的中国传统的吉祥图案,用以称颂富裕祝贺之意。连是"年"的谐音,"鱼"是"余"的谐音,也称"年年有余"吉祥寓意。

(3)通过视频了解任志国老师的创作环境和彩剪的创作方法。

(4)学习《连年有鱼》的彩剪方法,幼儿进行彩剪活动:在白色宣纸上画圆形图案,里面设计画有花纹的鱼和莲花,沿线剪下后,用彩色水墨画颜料进行涂色。

3. 展示幼儿彩剪作品,幼儿互相评价欣赏分享自己的创作想法。

布置《连年有鱼》彩剪展览台,幼儿互相欣赏,大胆说出自己的创作想法,在相互欣赏中,发现同伴彩剪的图案、造型及色彩的美。

◆ **活动延伸**

美工区中提供多种多样的美工材料,通过粘贴、绘画、手工制作、剪纸、折纸等多种方式方法创作,表达对《连年有鱼》的喜爱之情。

附素材

图 2-14　任志国剪纸作品

活动四 艺术（舞蹈）——剪纸姑娘

活动意图

《拔根芦柴花》是一首流行于江苏扬州地区的民间音乐——秧号子（田秧山歌），声调高亢明朗，旋律活泼欢快喜庆，特别适合大班幼儿在"剪纸姑娘"活动中音乐欣赏和舞蹈创编。《3～6岁儿童学习与发展指南》指出：创造条件让幼儿接触多种艺术形式和作品，理解和尊重幼儿在欣赏艺术作品时的手舞足蹈、即兴模仿等行为。本活动以庆祝节日为游戏背景，在欣赏音乐节奏、旋律特点的基础上，化身为剪纸姑娘创编舞蹈动作，用身体动作表现出剪出的花、鸟、树、鱼的形象，感受音乐的欢快喜庆，体验和同伴一起跳舞的快乐。

活动目标

1. 创编剪出的花、鸟、树、鱼的形象的动作，尝试用舞蹈动作表现剪纸姑娘的快乐。

2. 熟悉乐曲旋律，感知节奏XX　X　｜XX　X　、XX　XX｜XX　XX｜，学习有节奏的上肢剪纸动作以及后踢步动作等。

3. 感受音乐欢乐喜庆的情绪，乐于参与活动，体验与同伴一起表演的快乐。

活动准备

1. 知识准备：欣赏《剪纸姑娘》舞蹈视频，尝试模仿剪纸动作；了解《拔根芦柴花》的音乐背景。

2. 物质准备：活动课件。

3. 环境准备：布置剪纸环境主题墙饰，渲染剪纸氛围。

活动设计建议

1. 欣赏音乐《拔根芦柴花》，感受音乐三段体结构，体验乐曲活泼欢快喜庆的情绪。

多次聆听音乐，感受音乐三段体结构："你听到的音乐是什么样的旋律？有几段呢？"感受音乐活泼欢快喜庆的情绪。

2. 创设庆祝节日剪纸的游戏情景，鼓励幼儿根据音乐图谱创编舞蹈动作，学习有节奏的上肢剪纸动作、后踢步动作等。

（1）创设剪纸姑娘游戏情景："为了庆祝节日，剪纸姑娘们要创作许多漂亮的剪纸窗花，跟随音乐可以做哪些事情？"引导幼儿围绕剪纸准备—剪纸形象—粘贴展示等三段创编动作。

（2）结合图谱创编有节奏的动作，学习有节奏的上肢剪纸动作、后踢步动作等。

（3）分段根据音乐创编动作，表现剪纸姑娘剪纸的快乐。

3. 鼓励幼儿尝试用舞蹈动作表现剪纸姑娘的快乐。

欣赏视频《剪纸姑娘》，观察剪纸姑娘们的动作特点，体验剪纸动作的爽快、后踢步的节奏感、剪纸舞蹈过程的快乐，再次跟随音乐进行表演。

活动延伸

音乐表演区投放服饰、面具、音乐，供幼儿听音乐进行表演，在熟悉乐曲的基础上，鼓励幼儿创编动作和队形，快乐地进行表现。

附音乐及动作设计

145.拔根芦柴花

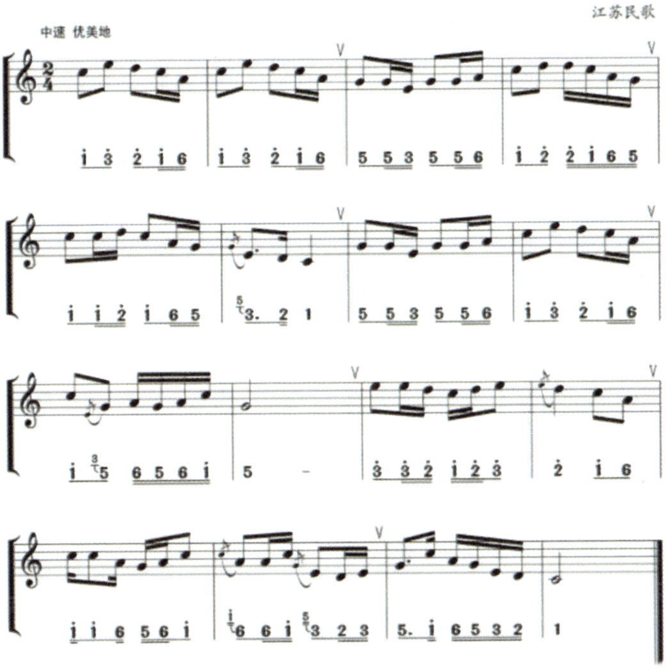

图 2-15 《拔根芦柴花》乐谱

A 段动作：

第一乐句：1～4 拍双手小臂端平，右手呈剪刀状，右外向里，表现 XX X | XX X | 的节奏。

5～8 拍重复 1～4 拍。

第 2 乐句重复第 1 乐句。

第 3～4 乐句同第 1 乐句，同时加入有节奏地后踢步动作。

B 段音乐：

4 个乐句分别围绕幼儿创编剪纸作品的动作，有节奏地进行表现。

C 段音乐同 A 段音乐，在幼儿游戏基础上，加入简单的队形变化，如圆形，2、4 列交替队形等。

活动五 科学（探究）—— 镂空花纹

活动意图

对称是图形或物体沿某条直线对折后两边完全重合的现象，在大小、形状和排列上具有一一对应的关系,日常生活中对称的物体和现象非常普遍,这样的特性能够激发大班幼儿浓厚的探索兴趣。《3～6岁儿童学习和发展指南》指出,激发探究兴趣,体验探究过程,发展初步的探究能力。本活动通过让幼儿观察描述、对比实验、动手实践、理解延伸等方法帮助幼儿感知物体对称的特点,在生活中判断和寻找对称的图形和事物,感知对称在生活中的运用及剪纸镂空的对称美,体验动手操作的快乐。

▶ 活动目标

1. 感知物体对称的基本特征,初步理解对称的概念。

2. 能判断、寻找对称的图形或事物,掌握上下、左右对称的操作方法。

3. 感知对称在生活中的运用及剪纸镂空对称美,体验动手操作的快乐。

▶ 活动准备

1. 知识准备:观察生活中对称的物体和现象,在剪纸活动中感受镂空花纹。

2. 物质准备:课件,对称与不对称的图形若干张,上下、左右对称的图若干幅。

3. 环境准备:布置操作活动的场地。

▶ 活动设计建议

1. 故事导入,激发幼儿参与活动的兴趣。

创设营救公主的游戏情景:"你们想不想去营救公主呢?营救公主需要闯关,你们会不会因此退缩了呢?"激发幼儿参与活动的兴趣。

2. 在感知、判断、操作探索中,理解对称的含义。

(1)创设游戏闯关的情景。

第一关:认识对称的特点。爱心钥匙的两半确实一模一样,能完全重合,这就是对称。

第二关:自主在环境中找对称图形,巩固对对称的理解。寻找蝴蝶翅膀、脸谱的另一半,比较蝴蝶、脸谱对称与不对称的区别,这种两边的形状、图案、颜色都完全一样的图形,就叫对称图,从中感受对称美。

第三关:出示一半图片,引导幼儿找到对称图折一折,破解巫师的魔法,发现对称图形对折后两边完全重合的特点。"说一说这些图形中哪些是对称图形?"

(2)创设红色剪纸破魔法的情景,学习运用对称剪的方式剪出各种图形的窗花,并设计对称的镂空花纹。

3. 播放视频,感知对称在生活中的运用及对称美。

教师引导幼儿发现生活中的对称实物,通过视频感知对称在生活中的运用,发现对称的美。

▶ 活动延伸

生活中发现对称的物品,把它们画下来与同伴进行分享,用对称的方法练习剪纸、折纸,解决生活中遇到的问题。

附图片

图 2-16 对称剪纸

活动六 数学（形）——图形碰碰乐

活动意图

大班幼儿已初步建立了对各种图形的认知,能简单理解平面图形的基本特征,《图形真有趣》是大班幼儿复习巩固对图形认识的一节教育活动。《3～6 岁儿童学习与发展指南》中指出:能感知和发现常见几何图形的基本特征,并能进行分类;能感知物体的形体结构特征,画出或拼搭出该物体的造型。本活动结合幼儿的生活经验,创设了"我与图形做游戏"的情景,让幼儿通过动手拼摆、分类、记录等方法巩固对图形的认知,并能不受图形大小、颜色、方向的影响,正确的辨认图形。通过与幼儿交流"生活中的图形"及观看课件"各种造型的建筑",帮助幼儿将对图形的认知与生活中的物品建立了更密切的联系,并感受了生活中图形的用处和趣味。

活动目标

1. 巩固对圆形、椭圆形、正方形、长方形、三角形和梯形的认知。

2. 能运用图形的特点创造性地进行图形拼摆,并能用完整的语言进行表述。

3. 体验动手创作的乐趣,感受生活中图形的有用和有趣。

活动准备

1. 经验准备:能分辨各种图形,并了解图形的基本特征。

2. 物质准备:课件,粘板,不织布剪成的圆形、椭圆形、正方形、长方形、三角形和梯形的图片若干,记录表,水彩笔。

3. 环境准备:布置动手操作的环境。

活动设计建议

1. 体验游戏,自主选择图形进行创意拼摆。

引导幼儿观察教师提供的各种图形,教师引导幼儿用较完整的语言进行表述:你拼的是什么?用了什么图形?指导幼儿自选图形进行拼摆。

2. 幼儿尝试分类计数并记录,巩固对图形的认识。

（1）提供记录纸,引导幼儿对作品中使用的图形进行分类并运用自己的方法进行记录。

（2）运用课件，引导幼儿观察、分析个别幼儿作品及记录结果，加深巩固对圆形、三角形、梯形等图形的认识。

（3）组合新图形再次拼摆作品，体验创作的乐趣。

3. 讨论交流生活中的图形，进一步建立图形与周围物体的密切联系。

（1）在生活中找图形，感受图形的无处不在。

（2）出示课件引导幼儿观察建筑的不同造型，体验图形给我们生活带来的美好。

▶ **活动延伸**

亲子家庭中进行游戏，认识并辨别各种图形，并能不受干扰进行正确分类。

图 2-17　图形创意拼摆

活动七　健康（体育活动）——剪花传递游戏

▶ **活动意图**

剪纸艺术是中国传统文化中的瑰宝，具有独特的艺术魅力和深厚的文化内涵。本次活动将剪纸与体育游戏相结合，让幼儿在锻炼身体的同时，感受传统文化的魅力，培养他们对传统文化的兴趣和传承精神。《3～6岁儿童学习与发展指南》中指出：利用多种活动发展幼儿动作的协调性和灵活性。"剪花传递秘密"体育活动中与剪纸艺术结合，通过团队合作和传递剪纸作品的过程，提高幼儿的身体平衡能力和反应速度，提高幼儿的协调能力、合作能力和沟通能力，同时激发他们的团队协作意识和竞争意识。

▶ **活动目标**

1. 熟练掌握游戏的基本玩法，在体育游戏中认识中国传统文化十二生肖剪纸。

2. 在传递剪纸作品的游戏中，锻炼平衡、躲闪和同伴协作的能力。

3. 体验团队合作的乐趣，培养对传统文化的喜爱和传承意识。

▶ **活动准备**

1. 经验准备：认识了解十二生肖剪纸。

2. 物质准备：剪纸作品若干、音乐、平衡木等。

3. 环境准备：活动场地设置起点和终点线。

▶ **活动设计建议**

1. 热身活动，出示十二生肖的剪纸，幼儿模仿动作激发兴趣。

教师出示十二生肖剪纸："你们知道它们都是什么？"带领幼儿模仿这些动物的动作，活动身体各部位，如头部、肩部、腰部、腿部、手腕、脚踝等。

2. 教师介绍剪花传递秘密,体验游戏带来的挑战与快乐。

(1)教师介绍游戏玩法(附后)。

(2)幼儿尝试游戏:教师组织幼儿进行一次尝试游戏,让幼儿熟悉游戏规则和流程。游戏结束后,教师针对幼儿在游戏中出现的问题进行指导。

(3)传递游戏比赛:教师播放音乐,营造欢快的氛围,幼儿进行游戏。当十二生肖全部凑齐,用时最短的小组获胜。

(4)增加游戏难度,进一步开展游戏。

教师增加游戏难度,添加不同高度的平衡木,幼儿再次进行游戏,体验挑战的乐趣。

3. 放松活动。

(1)教师带领幼儿做动物操,缓解身体疲劳。

(2)教师组织幼儿收拾游戏道具,整理场地。

▶ **活动延伸**

户外游戏时,幼儿之间进行剪花传递游戏,可分组进行对抗赛,也可以在传递过程中加入套圈、绳、三角帽等器械,增加游戏的难度和挑战。

附游戏玩法

幼儿分成若干小组,每组5~6人。每组幼儿站成一列,站在起点线后。每名幼儿手持十二生肖剪纸。

游戏开始时,第一名幼儿手持十二生肖剪纸快速通过独木桥跑向终点线,将十二生肖剪纸贴到展板上,然后跑回起点,与第二名幼儿击掌后,第二名幼儿出发,以此类推。最先完成传递的小组获胜。

图 2-18 幼儿进行剪花传递游戏

第三周 剪纸大设计

活动一 语言(表达)——《花丫丫学剪纸》

▶ **活动意图**

《3~6岁儿童学习与发展指南》指出:"应为幼儿创设自由、宽松的语言交往环境,鼓励和支持幼儿与成人、同伴交流,让幼儿想说、敢说、喜欢说并能得到积极回应。"本次活动中通过绘本《花丫丫学剪纸》,向幼儿介绍和描绘花丫丫如何学剪纸,让幼儿在欣赏美丽的剪纸图案和有趣的故事情节中,感受花丫丫在学习剪纸过程中的坚持和努力,发展观察力、想象力和语言表达能力,激发他们对剪纸艺术的兴趣,培养他们不怕困难、勇于尝试的品质。

活动目标

1. 对剪纸艺术感兴趣,懂得做事要有耐心、不怕困难。

2. 了解花丫丫成为一名剪纸大师的故事,愿意尝试用剪刀剪出不一样的花样子。

3. 仔细观察图片,理解绘本内容,能用较完整的语言讲述花丫丫学剪纸的故事。

活动准备

1. 知识准备:了解一些中国传统剪纸花样。

2. 物质准备:绘本《花丫丫学剪纸》课件、主要内容图片、剪刀、彩纸、展示板。

3. 环境准备:语言区投放《花丫丫学剪纸》绘本、美工区投放不同的剪纸花样等。

活动设计建议

1. 引导幼儿认识各种各样的花样,激发幼儿参与活动的兴趣。

(1)出示精美的剪纸作品,引导幼儿观察剪纸作品,能说出剪纸的形状、图案、线条等。

(2)出示绘本《花丫丫学剪纸》,认识主人公花丫丫,了解花丫丫是怎么学剪纸的。

2. 播放绘本《花丫丫学剪纸》课件,引导幼儿观察图片,理解故事情节。

(1)老师分段讲故事。

第一部分:认识花丫丫,了解花丫丫的爱好及她的困惑。

第二部分:幼儿观察图片分组讲述故事,了解花丫丫学习剪纸的过程。

第三部分:了解故事里面的花丫丫为什么最后剪得一手好看的"花样子"。

(2)老师完整讲述故事,感受作品表达的花丫丫在学剪纸的过程中遇到了很多困难,但是她没有放弃,最后终于成功的品质。

(3)幼儿讲述故事。引导幼儿用较完整的语言讲述故事。

3. 感受剪纸魅力,尝试剪纸,体验剪纸的乐趣。

欣赏著名剪纸作品,激发幼儿对剪纸艺术的兴趣。

延伸活动

表演游戏:幼儿模仿故事中的角色进行表演。

附绘本故事

花丫丫学剪纸①

扬州城的集市上,有个小姑娘,没有爹娘,却剪得一手好看的花样子,因此大家都叫

---

① 瓦猫《花丫丫学剪纸》,湖南少年儿童出版社,2022年11月第一版。

她花丫丫。

每天一早,花丫丫来到集市,就专心地在自己的剪纸摊子前剪起花样子,对来来往往的人看都不看一眼。今天花丫丫练习剪人物花样子。"到底是哪里不对呢?剪了好些回了,这个老头的花样子感觉总还是差点儿……"花丫丫坐在小板凳上,托着下巴,打量刚剪好的一堆老头花样子,自言自语。

这天是元宵节,集市上太热闹了!

花丫丫一抬头,发现一个手提寿桃花灯的老爷爷迎面走来。

花丫丫刚想跑过去问花样子是谁剪的,一个手拿"双鱼荷塘"花灯的小姑娘,走了过来。

花丫丫刚向小姑娘走了几步,后面一个小小子,攥着一个"鲤鱼跃龙门"灯笼,跌跌撞撞跑了过来。

花丫丫赶忙拦住小小子问:"天啊,小弟弟,这是谁剪的花样子?像是活的一样!"

小小子:"是街那边的老爷爷送我的,你快去,不管你想剪啥,他都能给你剪出来!"

听了小小子的话,花丫丫扔下自己的小摊,向人群中挤去。

找到老人的剪纸摊子的时候,排队的人都拿着剪好的花样子走了,只剩下花丫丫和老爷爷。

老爷爷:"小姑娘,你想剪什么花样子啊?"

花丫丫一时犹豫起来,她一心着急找到剪纸的老爷爷,却忘了自己要剪什么了……

老爷爷看出了花丫丫的心思,笑着说道:"那我剪一个你吧!"

说罢,老爷爷把纸对折了几下,头也不抬地用剪刀在纸上"嚓嚓"剪起来,一边剪还一边不停地翻转折叠。

不一会儿,老爷爷就剪好了。

花丫丫:"这——这也太像了吧!"

花丫丫太激动了,结结巴巴地说:"您、您能不能教教我?"

老爷爷有点纳闷:"丫头,你说让我教你剪花样子?"

花丫丫点点头,认真地问老爷爷:"您收我为徒好不好?"

老爷爷的脑袋顿时摇成了拨浪鼓,忙摆手说道:"不不不,我才不收什么徒弟!不过看你这么有诚意,我倒是可以教你点别的!但不是你师父哦!"

花丫丫有点沮丧,但还是说道:"哦,那我都听您的!"

老爷爷:"我还不喜欢别人总是问为什么,絮絮叨叨的,烦人!"

花丫丫:"哦,我不问!"

老爷爷想了想,笑嘻嘻地说:"这样啊,那你明天先去给城西的花田浇浇水吧!天旱,花花草草都蔫儿了!"

花丫丫满口应道:"哦,没问题!"

第二天一早,花丫丫就拿着小桶来到了城西的花田。正是春天,各色各样的花儿都开了,还有小鸟扑棱着翅膀在花丛中飞来飞去。

花丫丫一桶一桶地浇着水,各样的花草蜂蝶、小鸟小虫的样子都随着清凉的水流进了花丫丫的眼睛里、心里。

很快,夏天就来了。河水中荷花娇嫩的花蕾慢慢绽放。虫儿高一声低一声叫着,好像在聊:"今年夏天的天气格外热啊!"

花田里的蜂啊蝶啊,花上花下地飞着、叫着,更闹哄了!

花丫丫一瓢一瓢浇着花草,虽然满头大汗,但心里也像开满花儿一样喜悦!

日子一长,草有些发黄,花儿也慢慢开始凋零了。一天早上,花丫丫发现:枫树的叶子红了,金灿灿的银杏叶子随风飘落,松树柏树倒是没什么变化……花田周围就像打翻了大自然的颜料盘,色彩更加丰富了。"哦,是秋天来了!"花丫丫想着,继续拎着桶给花草浇水。

转眼,凛冽的寒风和飘落的雪花告诉花丫丫:冬天来了!花丫丫拎着小桶,左瞅瞅右看看,好多花草都枯萎了。

整整一年,花丫丫都把眼睛睁得大大的:花田中各色花草发芽、抽枝、打苞、绽放、结果,一直到枯萎。花丫丫都一清二楚啦!

冰天雪地,无花可浇,花丫丫跑回集市上去找老爷爷。

花丫丫:"老爷爷老爷爷!我已经浇了一年的花了!您什么时候教我剪纸呀?"

老爷爷:"这一年浇花,你看见最多的是什么?"

花丫丫:"四季不断的花啊!哦,还有在树上做窝的喜鹊,雨天低飞的燕子,搬家的蚂蚁,钻洞的草蛇,结网的蜘蛛,天上的流云……您快教我剪纸吧!"

老爷爷没有教花丫丫剪纸,而是打发她去城西的刘家,给刚满月的刘家孙子剪肚兜、花帽和五毒被子的花样子。

说来也奇怪,花丫丫没有对照任何东西,随手就剪出了肚兜上的石榴花,花帽上的祥云流水,还有五毒被子上的蝎子、蛇、蛤蟆、壁虎和蜘蛛。

回到街上,花丫丫跟老爷爷说了自己的感觉,老爷爷却说:"正常正常!你拿着这把剪刀,去河边磨一年的剪刀吧!"

和浇花一样,花丫丫在河边磨剪刀,一磨也是一年。她又有了很多新发现:

惊蛰前后,春雷乍响,蛇蛙出洞。

清明前后,河边的柳树吐露枝芽,可以吃青团,看鸳鸯戏水。

小满前后,蚕宝宝长大,可以缫丝。

芒种前后,河岸两旁,老牛犁地,种瓜点豆。

夏至前后,可以吃暑藕。河里长出粉嫩嫩的荷花,小青蛙坐在荷叶上"呱呱呱——"。

白露前后,叶子上的水珠变多变大,抓大螃蟹,采当天的吃的红菱。

寒露前后,稻谷垂下了头。可以吃又甜又香的桂花糕。

柿子变红了。

小寒前后雪花飞舞,蜡梅独放。

花丫丫按照老爷爷的吩咐,磨了一年的剪刀以后,又跑去集市,央求老爷爷:"老爷爷老爷爷,我已经磨了一年的剪刀了,您看,剪刀闪闪发亮哪!您快教我剪花样子吧!"

老爷爷没应花丫丫的话,反倒问她:"这一年你有没有什么新发现啊?"

花丫丫掰着手指头说:"有啊,流水、蓝天、云朵、鱼虾、螃蟹、鸳鸯戏水、野鸭吞鱼,蝌蚪长出腿变成小青蛙……还有红菱、青团、桂花糕都超好吃!"

老爷爷满意地捋捋胡子:"哦,不错嘛!"

花丫丫刚想让老爷爷教她剪纸,却被安排去城北李大哥家剪春节的窗花。

李大哥的父亲李大爷,名叫李初一,就是牛年大年初一这天出生的。李大爷六十大寿和春节同庆。李大哥打算多剪一些花样子,喜气洋洋地庆祝一番!

花丫丫听了李大哥的要求,便以牛为主题,剪了福牛迎春、"牛"转乾坤、金牛耕春等六十种牛的花样子,各个不同,人们无一不惊讶万分。

"我也不知道怎么回事,只要想到牛就有很多花样子浮现在脑海里,随手就剪出来了……"

回到街上,花丫丫又跟老爷爷说了自己的感受,还是想让老爷爷教她剪纸。

老爷爷:"别着急,多看看来往的老老少少,车水马龙,多热闹!"

花丫丫心想:"唉,这老爷爷也太怪了吧,什么都不教我,却让我跟个小乞丐一样蹲在街边看路人……"

花丫丫虽然不明白为什么,还是老老实实地按老爷爷说的去做了。

又是一年的元宵节,城东的李妈妈急急忙忙跑来,请老爷爷剪花样子。原来之前准备的花样子,李妈妈的女儿不喜欢,新婚当天在耍脾气不肯出嫁呢!

老爷爷抱着酒葫芦,推辞说:"我喝多了!剪不了了,让花丫丫去吧!"

这可把花丫丫难坏了:"可是,您还没教我怎么剪啊——"

老爷爷:"快去吧,你知道怎么剪——"

花丫丫听着李妈妈和新娘子的要求,突然觉得好像也没有那么难!她一手握着剪刀,一手转着红纸。

"还得剪一个麒麟送子!"李妈妈美滋滋地贴着花样子,对花丫丫说。

人物是花丫丫一直不敢尝试的图案,"老爷爷说我可以!"花丫丫鼓起勇气,红纸在她手中一转一扭,剪刀小心地一张一合……花丫丫紧张得额头上渗出汗珠。

慢慢地,花丫丫剪出一个麒麟送子,又剪出了一个天仙送子……

李妈妈:"哇,花丫丫你这技术可不比老爷爷的差,太像了!"

花丫丫终于松了一口气,回答道:"不知道怎么回事。"

这天,花丫丫莫名其妙地剪出了很多特别棒的人物花样子,新娘子也非常满意花丫丫剪出来的"十里红装"!

给李妈妈家剪完花样子,花丫丫兴冲冲地跑回街上,想告诉老爷爷自己能剪人物的好消息。

"老爷爷老爷爷！我能剪了！"

远远地，只见老爷爷微笑着向自己挤了挤眼睛，说道："功夫不负有心人，求花样子的人儿踏破门。"话音刚落，老爷爷便乘着金色大鸟飞进了花样子里。

花丫丫跑来，翻弄着一堆红纸，竟看到一张老爷爷乘坐金鸟的花样子。

"这个老爷爷的图案好像在哪儿见过……"

后来，花丫丫才想起来，这正是遇到老爷爷那天，自己反复练习都剪不好的人物花样子——

老爷爷离开几年以后，花丫丫成了城里最有名气的剪纸大师，上门求花样子的人络绎不绝，尤其是各种节日之前，花丫丫忙得不可开交！但是，每年的元宵节前后，花丫丫都会带着附近的小朋友们一起剪啊唱啊，开心极了！

孩子们都很喜欢剪纸，也喜欢花丫丫！

图 2-19　绘本《花丫丫学剪纸》

活动二　社会（文化）——剪纸的由来

▶ 活动意图

《幼儿园教育指导纲要（试行）》指出：我们的教育目标之一是"能用自己的方式进行艺术表现活动"。剪纸是一种实用性强、表现力丰富、流行广泛的民间艺术。通过本次活动的开展，带领幼儿走进剪纸世界，初步了解剪纸的不同种类及形式感受剪纸艺术的丰富。首先，激发幼儿对剪纸的兴趣，之后采用分组的形式引导幼儿设计剪纸图案，调动他们学习剪纸的积极性和主动性，培养他们的创造力，使剪纸艺术得到传承和发展。

▶ 活动目标

1. 初步了解剪纸的由来、发展，欣赏中国的民间剪纸艺术，对中国传统文化剪纸有一定的了解。

2. 学习画、剪、折等初步的技巧剪纸,能初步剪出不同的剪纸作品。

3. 体验剪纸的乐趣,感受传统民俗技艺的传承与发展,增强民族自豪感。

▶ 活动准备

1. 知识准备:见过生活中常见的剪纸作品,知道剪纸所需要的工具。

2. 物质准备:活动课件,剪纸作品,剪刀、刻刀、蜡盘等剪纸工具。

3. 环境准备:布置剪纸作品展示区。

▶ 活动设计建议

1. 问题导入,引发幼儿对于剪纸的回忆,激发幼儿对于剪纸的探索兴趣。

大家知道我手里拿的是什么吗?(剪纸)你们知道剪纸是什么吗?它有什么样的起源和意义呢?

2. 教师出示相关故事图片,向幼儿简单介绍剪纸的起源和传统意义。

(1)教师结合图片为幼儿讲述:中国剪纸是一种用剪刀或刻刀在纸上剪刻花纹,用于装点生活或配合其他民俗活动的民间艺术。在我国古代的时候,有一个人(周武王)把梧桐叶剪成了"圭"字,并当作一个礼物送给了他的弟弟,表现出剪纸艺术的出现。

(2)提问:"你们都在生活中哪些地方见过剪纸?为什么会有剪纸呢?剪纸的作用是什么?"剪纸过去会当作祭祀的用品,婚嫁时多用于装点器物用品和室内陈设,有喜气洋洋的寓意,也有的被张贴在门窗上起装饰的作用。

(3)引导幼儿提出问题和猜测,例如:"剪纸是如何制作的?""我们可以用剪纸做什么?"给每个幼儿发放空白彩纸、带有图案的剪纸样板、剪刀、彩纸、胶水,让他们自由地观察和探索剪纸的样式和结构。

3. 鼓励幼儿结合图片自主设计和制作剪纸作品,大胆表现想象力和创造力。

▶ 活动延伸

邀请幼儿展示自己的剪纸作品,并向其他幼儿分享制作过程和创作灵感,并鼓励幼儿用自己的剪纸作品装饰班级。

附素材

剪纸艺术最早可以追溯到春秋战国时期,但那时纸还没有被发明,人们利用金箔、皮革、树叶等薄片材料,通过雕、镂、刻、剪等技法,在这些材料上剪刻纹样,制成工艺品,这可以视为最早的剪纸艺术雏形。

随着纸张的发明,特别是在东汉时期,这种易于裁剪的材料逐渐成了剪纸艺术的新选择。早在西周的时候,就已经有了剪纸艺术的雏形。周武王姬发赐其弟的故事,就是周武王把梧桐叶剪成"圭",然后赐给他的弟弟姬虞当作封侯的信物。中国目前发现的最早的剪纸实物是新疆出土的北朝时期的五幅团花剪纸。

图 2-20 剪纸介绍展览

活动三 艺术（欣赏）——《剪纸小艺人》

▶ 活动意图

《3～6岁儿童学习与发展指南》中指出，艺术是人类感受美、表现美和创造美的重要形式，也是表达自己对周围世界的认识和情绪态度的独特方式。大班幼儿对音乐所表达的情感和内容有了初步的理解和感受，并尝试创编简单的舞蹈动作。《剪纸小艺人》将《小星星》的主旋律与剪纸艺术相结合，节奏鲜明，旋律欢快，幼儿在欣赏音乐的过程中，理解和感受音乐所表达的内容，创造性地用动作、表情等方式大胆表现剪纸的过程，感受剪纸艺术的魅力。

▶ 活动目标

1. 感受剪纸的千变万化，增强民族的自豪感。

2. 理解歌词内容，感受音乐的欢快旋律和歌词表达的剪纸小艺人的自豪。

3. 能够根据音乐的内容和旋律，用动作、表情等方式大胆表现剪纸的过程。

▶ 活动准备

1. 知识准备：了解剪纸需要的材料及剪纸的过程。

2. 物质准备：歌词图谱、音乐、剪纸作品、青岛剪纸非遗传承人李文玲相关视频等。

3. 环境准备：表演的活动场地。

▶ 活动建议

1. 出示剪纸作品，激发幼儿参与活动的兴趣。

展示剪纸作品："它们都是怎么做出来的？你们都是怎样进行剪纸的？"引导幼儿讨论剪纸的过程和方法。

2. 播放音乐《剪纸小艺人》，引导幼儿理解歌词内容。

（1）播放音乐《剪纸小艺人》，感受音乐旋律和歌词内容。

（2）结合课件，向幼儿介绍剪纸的过程。

播放音乐，引导幼儿感受音乐内容，初步掌握音乐的主旋律和歌词的内容。鼓励幼儿用语言描述音乐中都体现了哪些剪纸的内容。

（3）幼儿自主根据音乐的节奏和旋律，自由交流，创造性地用动作、表情等方式大胆表现剪纸的过程，如剪、翻、展开等。

（4）播放音乐,请幼儿分组展示自己的创编内容,互相欣赏和评价。

3. 观看欣赏老艺人剪纸视频,感受剪纸的千变万化。

与幼儿一起回顾活动过程,总结剪纸的乐趣和音乐的美妙。

欣赏青岛剪纸非遗传承人李文玲剪纸的视频,感受剪纸的千变万化,增强民族的自豪感。

▶ 延伸活动

手工活动:为幼儿发放彩纸和剪刀,幼儿一边剪纸,一边再次欣赏音乐,感受音乐与剪纸活动的融合。

附音乐素材

剪纸小艺人

一剪一剪真细致,剪纸艺术手中舞,红纸翻飞变凤凰,好像剪纸小艺人。

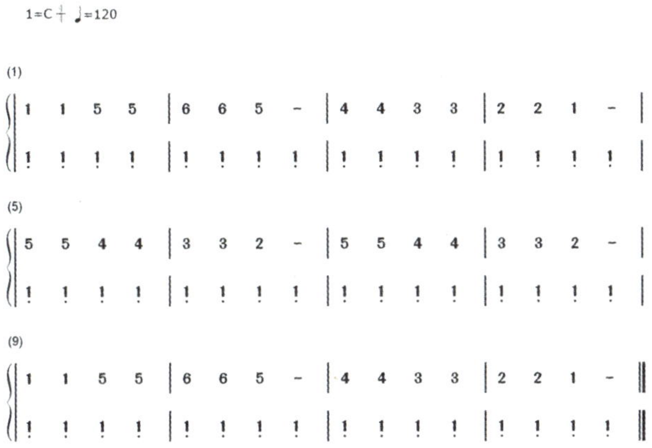

图 2-21　《剪纸小艺人》乐谱

活动四　艺术（手工）——小小剪纸传承人

▶ 活动意图

《3～6 岁儿童学习与发展指南》中明确指出,每个幼儿的心里都有着一颗美的种子,关键在于我们要为其创造条件和机会,让幼儿在大自然和社会文化生活中去感受美、体验美。传统剪纸纹样蕴含着丰富深厚的文化内涵,如象征着吉祥如意、幸福美满等。本次活动引导幼儿欣赏各种传统剪纸纹样,鼓励幼儿在此基础上进行创新,通过二方连续、四方连续等设计方式进行套色剪纸作品的创作,感受剪纸文化的博大精深,增强对民族文化的自豪感。

▶ 活动目标

1. 感受剪纸文化的博大精深,对民族文化感到自豪感。

2. 欣赏各种传统剪纸纹样,了解二方连续、四方连续的设计方式。

3. 掌握套色剪纸的基本方法和技巧，能够独立或合作完成简单的套色剪纸作品。

活动准备

1. 知识准备：幼儿对剪纸有初步的认识和操作经验。

2. 物质准备：活动课件，剪纸作品，彩色纸张，剪刀、胶棒、水彩笔等美工用具。

3. 环境准备：布置套色剪纸作品展。

活动设计建议

1. 展示精美的传统剪纸纹样作品，激发幼儿活动的兴趣。

教师出示一些精美的传统剪纸纹样作品，引导幼儿观察并提问："小朋友们，看看这些漂亮的剪纸，它们有什么特点呢？"

幼儿自由发言，分享自己的发现和感受。

2. 播放传统剪纸纹样套色剪纸图片，学习运用二方连续、四方连续进行套色剪纸的特点和制作方法。

（1）播放关于传统剪纸纹样的幻灯片，向幼儿介绍不同类型的剪纸纹样，重点介绍二方连续、四方连续纹样等。

（2）讲解套色剪纸的特点和制作方法，通过实物展示让幼儿更直观地了解套色剪纸的制作方法（附制作方法）。

（3）创作套色剪纸作品。幼儿讨论自己要设计的剪纸作品，并选择自己喜欢的主题进行套色剪纸创作。鼓励幼儿在模仿的基础上进行创新，教师巡回指导，帮助幼儿解决遇到的问题。

3. 套色剪纸作品展示交流，体验剪纸的乐趣。

幼儿将完成的作品展示在展示板上，邀请幼儿分享自己的创作思路和感受，其他幼儿进行评价和交流。

延伸活动

生活活动：将制作的作品布置教室的环境，培养爱护班级的意识。

附作品素材

1. 套色剪纸的制作方法如下。

（1）准备工具和材料：准备不同颜色的彩纸，剪刀，铅笔，胶水。

（2）设计图案：先在白纸上用铅笔简单画出想要的图案，比如一朵花、一只小动物等。图案尽量线条简单、形状清晰，以便幼儿剪裁。

（3）剪裁外形：选择一种颜色的彩纸，将画好的图案覆盖在上面，用剪刀沿着图案的外轮廓剪下来，这就是第一层剪纸。

（4）剪裁内部图案：如果图案有内部的细节，如花朵的花蕊、小动物的眼睛，再在另一张彩纸上画出这些细节，剪下来。

（5）套色粘贴：把剪裁好的内部细节用胶水粘贴在第一层剪纸上对应的位置，完成套色剪纸。

2. 二方连续：二方连续是由一个单位纹样(一个或多个纹样组合而成)在上下或左右两个方向上反复连续形成的纹样。它产生优美的、富有节奏和韵律感的横式或纵式的带状纹样,亦称花边纹样。

3. 四方连续：四方连续是指一个单位纹样在上下左右四个方向上反复连续形成的纹样。这种纹样节奏均匀,韵律统一,整体感强。

图 2-22　套色剪纸作品

图 2-23　二方连续剪纸作品

图 2-24　四方连续剪纸作品

活动五 　科学(探究)——剪纸中的奥秘

活动意图

《3～6岁儿童学习与发展指南》指出,大班幼儿能通过观察、比较与分析,发现并描述不同种类物体的特征或某个事物前后的变化。剪纸活动时,幼儿对自己作品在阳光下产生的影子很感兴趣,喜欢围在一起讨论影子的秘密。本次活动以剪纸与光影的关系为切入点,旨在引导幼儿通过观察、操作和实验,探索剪纸在光的照射下形成的奇妙影子,感知光影的变化,培养观察力、思考力和语言表达能力,激发幼儿对科学现象的好奇心和探究欲望。

活动目标

1. 充分感受剪纸与光影结合所带来的新奇和乐趣,激发对科学探索的浓厚兴趣。

2. 仔细观察剪纸在光的照射下形成的影子,发现影子的形状与剪纸图案之间的关联。

3. 大胆尝试改变光源的位置和角度,观察并记录影子的变化情况。

▶ **活动准备**

1. 知识准备：幼儿对光影有了一定的认识和了解。

2. 物质准备：准备各种不同形状和图案的剪纸作品、强光手电筒、白色幕布、课件、表格。

3. 环境准备：布置剪纸博物馆的场景。

▶ **活动设计建议**

1. 引导幼儿根据影子猜一猜剪纸作品，激发幼儿参与活动的兴趣。

教师展示剪纸作品的影子，请幼儿猜剪纸作品，激发幼儿的兴趣和好奇心，调动幼儿的积极性，一起探索剪纸的奥秘。

2. 观察、比较剪纸和光影之间的关系，自主探索光影的变化。

（1）初步观察。教师选择一个较为简单的剪纸作品，将其放置在白色幕布前，打开手电筒，从正前方照射剪纸，使影子清晰地投射在幕布上。引导幼儿观察、描述他们所看到的影子的形状和特征。帮助幼儿对比影子和剪纸图案，初步发现它们之间的相似之处。

（2）探索光影变化。将幼儿分成若干小组，每组幼儿选择一个自己喜欢的剪纸作品和一个手电筒，引导幼儿先从不同的距离（远近）照射剪纸，观察影子的变化，并在记录表格中记录下影子的大小和清晰度的变化。在幼儿探索的过程中，教师巡回指导，观察每组幼儿的操作情况，及时给予帮助和引导。

（3）每组幼儿代表上台展示他们的记录表格，分享小组的观察发现。

3. 播放"影子表演"的视频，感知影子的有趣变化。

播放"影子表演"的视频，感知由手影到身影的有趣变化。总结影子的有趣，鼓励幼儿尝试继续探究。

▶ **延伸活动**

户外游戏活动：带领幼儿在阳光下观察影子的变化并进行踩影子的游戏。

附图片

图 2-25　幼儿利用剪纸作品探索光影变化

活动六　数学（空间）—— 有趣的剪纸博物馆

◉ 活动意图

《3～6 岁儿童学习与发展指南》指出,大班幼儿能按语言提示或根据简单的示意图正确取放物品。本次活动以"剪纸博物馆"为情境,将数学活动与剪纸相结合,让幼儿在游戏和操作中运用语言、示意图等,在游戏和操作中感知物体的空间位置和对应关系发展空间认知能力和思维的灵活性,为今后的数学学习和生活中的空间感知奠定基础。剪纸作品独特的形状和图案也为幼儿提供了丰富的视觉素材,有助于激发他们的观察兴趣和探索欲望。

◉ 活动目标

1. 锻炼探究空间感知能力和初步的逻辑思维能力,体验数学活动的乐趣。

2. 学会查看示意图并能按语言提示、简单的示意图正确取放物品。

3. 在活动中感受空间方位的相对性,提高空间感知和思维能力。

◉ 活动准备

1. 知识准备:博物馆的知识经验。

2. 物质准备:课件;剪纸作品、剪纸博物馆展示架、与剪纸作品对应的位置卡片、幼儿操作卡片

3. 环境准备:布置剪纸博物馆。

◉ 活动设计建议

1. 参观剪纸博物馆,激发幼儿参与活动的兴趣。

教师带领幼儿走进布置成剪纸博物馆的活动室,引导幼儿观察四周的剪纸作品,并请幼儿观察展览馆的剪纸作品,布置任务。

2. 认识展示架的空间方位及位置示意图,并按照要求正确取放剪纸作品。

（1）教师指着展示架,向幼儿介绍:"这是我们的剪纸展示架,它有好多层,好多格子。请几位幼儿上来指出展示架不同的方位,加强幼儿对方位的认识。

（2）讲解规则与示范。

教师拿出一张剪纸作品和一张位置卡片,向幼儿介绍如何将剪纸作品按照位置要求放在合适的位置。教师示范根据位置卡片将剪纸作品放置在展示架的正确位置。

（3）幼儿分组操作,教师巡回指导。

将幼儿分成小组,每组幼儿领取一些剪纸作品和位置卡片。幼儿根据卡片上的位置描述,将剪纸作品摆放在小组的展示架上。

（4）分享交流。每个小组推选一名代表,介绍他们摆放剪纸作品的过程和结果。

3. 幼儿操作练习,巩固对空间方位的认知。

每位幼儿一套小型展示架和剪纸作品,根据提示独立完成剪纸作品的摆放。

◉ 延伸活动

社会实践:带领幼儿走进图书馆,按照示意图找到相应的图书。

附图片

图 2-26 "剪纸博物馆"游戏示意图

活动七 健康（体育活动）—— 穿越剪纸迷宫

活动意图

《3～6岁儿童学习与发展指南》指出，开展丰富多样适合幼儿年龄特点的各种身体活动，如走、跑、跳等，鼓励幼儿坚持下来，不怕累。大班幼儿具备一定的耐力和体力，能够理解并遵守简单的运动规则，有一定的团队合作意识。本次活动以"穿越剪纸迷宫"为主题，将剪纸与体育游戏相结合，创设富有挑战性和趣味性的游戏情境，运用跑、跳等动作技能，克服各种障碍，锻炼耐力和体力，培养问题解决能力和团结协作、坚持的品质。

活动目标

1. 有勇敢拼搏的精神和团结合作意识，增强集体荣誉感。

2. 掌握剪纸迷宫游戏的玩法，能够按照剪纸纹样进行游戏活动。

3. 锻炼跑、钻等动作的协调性和灵活性，提高解决问题的能力。

活动准备

1. 经验准备：幼儿有玩迷宫的游戏经验。

2. 物质准备：4套剪纸作品（二方连续、四方连续、套色、单色剪纸，每套剪纸作品标注数字）、音乐。

3. 环境准备：迷宫活动场地。

活动设计建议

1. 模仿小动物进入活动场地进行热身，激发幼儿参与活动的兴趣。

教师带领幼儿在音乐的伴奏下模仿小动物的动作，如兔子跳、螃蟹爬、小鸟飞等，充分活动身体。

2. 与同伴协商合作闯迷宫，体验游戏带来的挑战与快乐。

（1）介绍游戏场地和规则。

教师带领幼儿来到剪纸迷宫前,介绍迷宫的布局、进出口和游戏规则。

出示4种不同样式的剪纸纹样,幼儿了解认识纹样。

(2)小组探索迷宫路线,熟悉迷宫的情况。

将幼儿分成若干小组,每组5~6人,每组幼儿依次进入迷宫进行探索,熟悉迷宫路线和障碍物的位置。教师在一旁观察,提醒幼儿注意安全。

(3)组织闯剪纸迷宫游戏。

每组幼儿同时出发,进行穿越迷宫的比赛。教师在终点记录每组幼儿到达的时间,鼓励幼儿勇敢、快速地通过迷宫。

3. 分享交流活动的感受,并跟随音乐做放松活动。

教师带领幼儿在音乐的伴奏下进行放松活动,如深呼吸、慢走、拍打腿部和手臂肌肉等并分享自己的感受和体验。

▶ 延伸活动

桌面游戏:制作不同样式棋子的剪纸飞行棋,幼儿合作游戏。

附游戏玩法

1. 幼儿从迷宫入口进入,根据迷宫中相同剪纸图案1~10的顺序前进。

2. 遇到障碍物时,如轮胎,要跨过轮胎;遇到绳子,要弯腰钻过;遇到塑料圈,要双脚并拢跳进圈内。

3. 在迷宫中要时刻注意方向,不能偏离路线或触碰迷宫边界。

4. 到达终点后,从出口返回起点,与下一位幼儿击掌接力。

图2-27 剪纸图案迷宫游戏图

活动一　语言（阅读）——《爷爷的剪纸》

活动意图

《3～6岁儿童学习与发展指南》中指出：引导幼儿接触优秀的儿童文学作品，使之感受语言的丰富和优美。故事围绕着爷爷与孩子们之间的温馨互动展开，通过爷爷灵巧的双手，一张张普通的纸张被赋予了生命，变成了栩栩如生的动物、花卉和人物。幼儿跟随故事中的情节，走进爷爷那充满魔力的剪纸世界，感受剪纸艺术的独特魅力与深厚文化底蕴。幼儿在惊叹于剪纸作品之美的同时，也会被爷爷对剪纸艺术的热爱与执着所感染，进而对这项传统手工艺产生浓厚的兴趣和探索欲。

活动目标

1. 感受爷爷对孙子的爱，以及剪纸活动带来的快乐和成就感，增强幼儿热爱家庭的情感。

2. 幼儿了解剪纸的基本知识和技巧，认识剪纸作品的艺术魅力。

3. 提高观察力、想象力和语言表达能力，尝试简单的剪纸活动。

活动准备

1. 经验准备：幼儿有欣赏剪纸作品的经验。

2. 物质准备：活动课件，《爷爷的剪纸》绘本，彩色手工纸、剪刀、胶水等剪纸工具。

3. 环境布置：布置剪纸作品展。

活动设计建议

1. 精美的剪纸作品，引导幼儿观察并讨论这些作品的形状、颜色等特点，感受剪纸的艺术美，激发幼儿兴趣。

教师出示课件中的剪纸作品："你在这些剪纸作品中都看到了什么？猜猜谁剪出来的呢？"请幼儿带着问题来欣赏故事。

2. 教师分段讲述故事，幼儿初步欣赏。

（1）封面介绍：介绍绘本的封面，引导幼儿猜测故事的内容。

（2）分段阅读。

第一段：讲述爷爷和孙子之间的故事背景，介绍爷爷喜欢剪纸的爱好。

第二段：观看绘本画面，展示爷爷剪纸的过程和技巧，引导幼儿观察并模仿爷爷的动作。

第三段：讲述爷爷用剪纸为孙子制作礼物的故事，引导幼儿感受爷爷对孙子的爱。

提问互动：在阅读过程中，适时提问，如"爷爷剪了什么图案？""你觉得这个图案好看吗？为什么？"引导幼儿积极参与讨论。

3. 教师讲解剪纸步骤，幼儿初步尝试剪纸。

（1）示范讲解：教师示范简单的剪纸技巧，如剪直线、曲线等，并强调使用剪刀的安全注意事项。

（2）幼儿操作：幼儿分组进行剪纸活动，教师巡回指导，鼓励幼儿大胆尝试，剪出自己喜欢的图案。

（3）作品展示：幼儿展示自己的剪纸作品，并简单介绍自己的创作思路和过程。

▶ 活动延伸

组织幼儿分组进行故事创作，每组选择一个主题或场景，然后分工合作完成故事的剪纸图案和故事情节。最后，每组可以派代表上台讲述自己的故事，让其他幼儿欣赏和评价。

活动二 数学（数）—— 分灯笼（6的组成和书写）

▶ 活动意图

通过学习数字 2～5 的组成，幼儿已经对分与合有一定的认识。他们的认知水平操作能力、逻辑思维能力已达到一定的水平。《3～6 岁儿童学习与发展指南》指出：利用生活和游戏中的实际情境，引导幼儿理解数概念。本次活动是学习 6 的组成，通过创设"分灯笼""翻灯笼"的游戏情境，引导幼儿探索 6 的组成，感知数的分合的有序性：在教师启发提问，幼儿观察比较中；教师启发提问，幼儿观察比较，帮助幼儿发现两个部分数之间的关系，引导幼儿在操作、观察、思考中进一步感知数的分合的有序，体验数学活动的有趣。

▶ 活动目标

1. 感知数分合的有序，体验数学活动的有趣。

2. 探索 6 的 5 种分合式，初步感知两个部分数的互换关系。

3. 能清楚地在集体中表述自己的操作过程和发现，会正确书写数字 6。

▶ 活动准备

1. 经验准备：幼儿有探索、学习"5 的组成"的经验。

2. 物质准备：大图片 1 张，雪花片若干，一面为红色、一面为黄色的灯笼卡片每人 6 张。

▶ 活动设计建议

1. 师幼共同玩碰球游戏，复习 5 的组成。

（1）教师出示 5 的数字卡片问："我的 2 球碰几球？"幼儿回答："你的 2 球碰 3 球"。

（2）教师可逐步加快语速，提醒幼儿集中注意力，迅速做出回答。

2. 创设"小白兔分灯笼"的情境，引导幼儿探索 6 的分合式，初步感知两个部分数的互换关系。

（1）学习 6 的组成。

① 教师出示大图片，请幼儿观察、讨论。

提问：小白兔店里有几个灯笼？小猴和小鹿同时来买灯笼，小白兔可以怎么分这 6

个灯笼呢?

② 发放雪花片,指导幼儿帮助小白兔分灯笼,并在活动单记录自己的方法。

③ 幼儿交流分灯笼的方法。如小猴 3 个,小鹿 3 个,请幼儿说说 6 个灯笼可以分成 3 个灯笼和 3 个灯笼。教师小结 6 的 5 种分合式。

(2)观察分合式,理解分合式中互补的关系。

① 引导幼儿观察 6 的 5 种分合式。

② 引导幼儿看图分析并得出结论:6 分成的两个部分数,一边的数越来越大(小),另一边的数越来越小(大);每分一次,两个数合起来都是 6。帮助幼儿理解数之间的互补关系。引导幼儿讨论并发现:这样排列的好处是又快又对地分尽每个数的所有组成形式。

(3)请幼儿观察 6 的分合式,理解互换关系。

① 引导幼儿观察分合式,帮助幼儿理解分合式两边数字的互换关系,知道两个数交换位置总数不变。

② 引导幼儿讨论:这样排列的好处就是只要想出一种分法,就能很快找到另一种分法。例如:知道 6 可以分成 1 和 5,就会想到可以分成 5 和 1。

3. 引导幼儿观察 6 的特征,鼓励幼儿尝试书写 6。

(1)提问:数字 6 像什么?可以用 6 表示什么?

(2)教师示范书写,鼓励幼儿大胆尝试书写 6。

◆ 活动延伸

在益智区投放一些实物(标价为:铅笔 1 元、小毛巾 2 元、彩色笔 3 元、杯子 4 元、饭碗 5 元),请两幼儿扮演售货员,其他幼儿为顾客进行买卖交易。如:一个小朋友要买铅笔和饭碗,售货员就要收取他 6 元钱,1+5=6。

附图片

图 2-28 灯笼

活动三　艺术（韵律）——《剪剪纸》

◆ 活动意图

《剪剪纸》音乐活动通过欢快、富有节奏感的音乐，引导幼儿感受中国传统剪纸艺术的魅力，并在舞动中体验音乐与艺术的融合。活动通过模仿剪纸的动作，如"剪""折""转"等，让幼儿在音乐的引导下，不仅锻炼了身体的协调性和节奏感，还激发了对传统文化的兴趣与热爱。同时，集体参与和互动，培养幼儿的团队精神和合作意识，让他们在轻松愉快的氛围中享受音乐与艺术的乐趣。

◆ 活动目标

1. 体验剪刀和纸合作游戏的快乐，增强幼儿的集体意识和团队合作能力。

2. 感受音乐 $|\text{X.X}\ \underline{\text{XX}}\ \text{X}\text{——}|$ 的节奏及四川民间音乐欢快的旋律。

3. 在情境中尝试用不同的肢体动作，有节奏地表现有趣的动物形象。

◆ 活动准备

1. 经验准备：幼儿有剪纸作品的经验。

2. 物质准备：音乐、钥匙、课件。

3. 环境布置：布置剪纸作品展。

◆ 活动设计建议

1. 故事导入情境，引起幼儿兴趣。

贝贝有一把神奇的小剪刀，这把小剪刀拥有特别厉害的"魔法"。你们仔细看一看"剪剪剪剪剪，剪刀看一看"（动作配语词节奏），有了这个"魔法"就想要什么就能剪出什么。

我们一起来试试魔法咒语吧！（完整欣赏音乐，A段剪刀动作配语词节奏；B段固定节奏）

2. 教师创设情境，幼儿感受音乐节奏。

（1）老虎馆。

一天贝贝带着小剪刀去动物园玩，回家的时候粗心的贝贝把小剪刀忘在了动物园里。天黑了，小剪刀孤零零的一个人，可害怕了，突然……（老虎"吼"一声响起）

第一遍音乐：教师当纸，幼儿当剪刀游戏。（一对许多）

提问：为什么你们用了魔法咒语，剪出的老虎也不动？（突出剪刀的节奏）

第二遍再次重复游戏。（一对许多）当B段音乐出现，教师出来和剪出的老虎PK，最终打败老虎，师幼一起欢呼胜利！

（2）猴山。

师：小剪刀继续向前走来到了猴山，看到有好多顽皮的猴子在玩，我也想和小猴一起玩，小剪刀们帮帮我吧？（幼儿相互讨论）

第一遍：教师当纸，幼儿当剪刀。（教师清唱旋律）

提问：为什么只有我的身体在动,而头没有动呢？（引导剪刀从头到尾不同的顺序变化）

第二遍：两名教师示范。

提问：剪头时剪刀在哪里？剪手和剪身体时、剪爪子时、剪尾巴时剪刀在哪里？（重点突出剪刀方位变化）

3. 活动结束,体验剪刀和纸合作游戏的快乐。

师:好险啊,差点就被发现了,天快要亮了,小剪刀越来越想贝贝了,你们能不能帮它想想办法啊？（幼儿自由发挥想象,想出各种方法）

鼓励小剪刀用自己的好办法回家。（活动结束）

▶ **活动延伸**

在音乐区给幼儿提供节奏图谱及多种乐器,请幼儿探索采用不同乐器的配乐方案进行演奏。

附图谱

剪剪纸

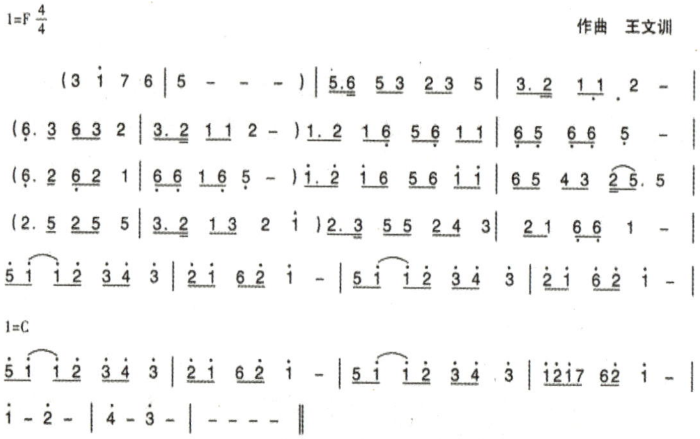

1=F 4/4

作曲 王文训

图 2-29 《剪剪纸》乐谱

活动四 科学（实验）—— 剪出大洞洞

▶ **活动意图**

《3～6岁儿童学习与发展指南》指出:支持和鼓励幼儿在探究的过程中积极动手动脑寻找答案或解决问题。在活动中,幼儿将面对一个看似简单却又充满挑战的任务——如何通过剪纸来得到一个尽可能大的洞。这个任务看似简单,实则蕴含了丰富的科学原理,如空间感知、形状认知以及创造性思维等。我们将引导幼儿观察、思考、尝试,让他们在不断试错的过程中,逐渐发现并掌握其中的规律,从而体验到成功的喜悦。

▶ 活动目标

1. 积极参与剪洞洞游戏,并在对比实验中体验成功感和愉悦感。
2. 能够比较发现两个纸洞的不同之处,并尝试归纳剪线长短、间距与纸洞大小的关系。
3. 能看懂图示内容并尝试根据图示剪出大小不同的洞洞。

▶ 活动准备

1. 经验准备:幼儿有剪纸的经验。
2. 物质准备:玩偶若干、废旧 A4 纸若干、剪刀、课件、整理筐、废纸篓、音乐等。

▶ 活动设计建议

1. 师幼讨论话题,幼儿初步尝试探索剪洞洞。

(1)提出话题,引发讨论:"今天来了许多小动物,它们想从这张纸穿过去,你有什么好方法?"

(2)讲述要求,尝试操作:"剪出的洞洞不仅能让动物钻过去,还要让洞的四周都不能断。"

(3)教师组织幼儿交流讨论,观察比较。

2. 观察操作,幼儿探索纸洞变大的秘密。

(1)提出任务,寻找秘诀:"这只身体庞大的动物也想来钻纸洞洞,它能钻过去吗?你有什么方法能让纸洞变大?"

(2)观察图纸,自由讨论:"你能根据这张秘诀图剪出更大的洞洞吗?该怎么做?"

(3)自主操作,探究方法:"请大家根据秘诀图去试一试,看看能不能成功。"

(4)展示交流,归纳提升:"你剪出的洞洞能让大动物钻过去吗?你是怎么做的?"

小结:只要你按照这样的方法就能剪出一个更大的洞洞。

3. 巩固经验,挑战剪出超大洞。

(1)提出问题,观察比较:"这里也有两个洞洞,也是根据图纸剪的,为什么一个洞大,一个洞小呢?"

(2)再次探究,巩固方法:"请你再去试一试,看看能不能剪出更大的洞洞让我也能钻过去或者教室里任意大东西钻过去。剪的时候想一想,边框要怎么剪才能更窄?"

(3)归纳提升,经验迁移:"今天我们找到了剪超大纸洞的秘诀,真是太神奇了。这里有一张比 A4 纸还要小的纸,你们能剪出更大的洞洞让更多的好朋友同时轻松地钻过去吗?"

▶ 活动延伸

1. 洞洞书制作:引导幼儿制作一本洞洞书,每一页都剪出一个洞洞,讲述一个故事或者展示一个主题。

2. 洞洞与光影:使用手电筒或自然光,观察光线通过不同大小和形状的洞洞产生的光影效果。

附图片

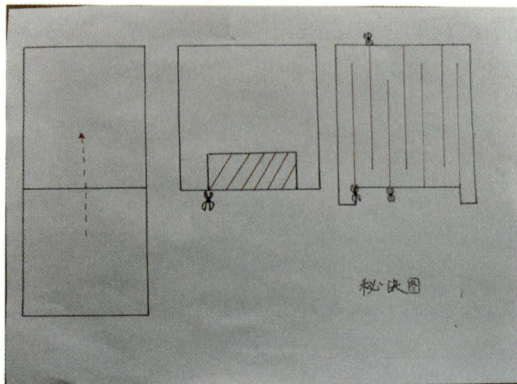

图 2-30 "剪出大洞洞"示意图

活动五 健康（体育活动）——年年有"鱼"

活动意图

《3～6岁儿童学习与发展指南》指出,要利用多种活动发展幼儿身体平衡和协调能力、动作的协调性和灵活性。大班体育活动年年有"鱼"以幼儿喜爱的"小鲤鱼跳龙门"童话故事为背景,激发参与热情和挑战精神。活动结合剪纸艺术,增进对传统文化的认知和热爱,同时营造独特情境氛围。幼儿在游戏中调整身体姿势、控制力量和速度,发展大肌肉动作、协调性和平衡能力。分组游戏培养团队合作和竞争意识,面对挑战锻炼意志品质,成功跳过"龙门"后增强自信心。

活动目标

1. 能积极参与挑战龙门游戏,体验游戏带来的挑战与快乐。

2. 掌握助跑跨跳的基本方法,了解"龙门"的文化寓意,感受中华传统文化剪纸的艺术美。

3. 练习助跑跨跳的基本动作要领,发展腿部力量和身体协调性。

活动准备

1. 经验准备:幼儿已听过《小鲤鱼跳龙门》的故事。

2. 物质准备:用彩色纸剪出的"龙门"、音乐《小鲤鱼游啊游》。

3. 环境准备:活动场地,设置起点和终点。

活动设计建议

1. 热身活动,播放音乐《小鲤鱼游啊游》,激发幼儿参与活动的兴趣。

（1）教师带领幼儿听音乐《小鲤鱼游啊游》,模仿小鲤鱼游进活动场地。做热身操,活动身体各部位,重点练习抬腿。

（2）教师展示剪纸"龙门",引导幼儿观察"龙门"的形状和特点,感受剪纸艺术的美。

2. 组织幼儿"挑战龙门游戏"，掌握助跑跨跳的基本动作要领。

（1）讨论、交流，了解掌握助跑跨跳的基本动作要领。

幼儿自主练习助跑跨跳，尝试用自己的方式过"龙门"，幼儿分享自己的跳过"龙门"的方法。

教师示范助跑跨跳的动作要领：助跑时要有一定的速度，起跳时用力蹬地，两腿尽量分开，同时手臂向上摆动，身体向前上方跃起，越过"龙门"。

（2）"挑战'龙门'游戏"活动。

幼儿分成四组，依次进行助跑跨跳"龙门"的游戏。

每成功跳过"龙门"一次，幼儿就可以在自己的小组贴上一个剪纸小鱼。

游戏过程中，教师注意观察幼儿的动作，提醒幼儿注意安全。

3. 模拟小鱼，根据音乐做放松活动。

教师带领幼儿听音乐做放松操，放松身体。幼儿一起欣赏自己小组贴的剪纸小鱼，分享游戏的快乐。

▶ 活动延伸

引导幼儿在户外活动投放训练跨栏架，帮助幼儿练习助跑跨跳。

附游戏玩法

1. 幼儿站在起跑线后，听到口令后，助跑跨跳"龙门"。

2. 如果幼儿没有跳过"龙门"，可以重新尝试。

3. 最先完成助跑跨跳"龙门"任务的小组获胜。

活动六　社会（合作）——热闹的剪纸大集

▶ 活动意图

热闹的剪纸大集这一活动通过在模拟市集的体验活动中为幼儿爱心、同情心的表达提供了实践的渠道，并从中体会其中的乐趣。本活动启发幼儿将自己设计的剪纸作品等进行义卖，为需要帮助的灾区儿童和失学儿童献爱心，引导幼儿体验"赠人玫瑰手有余香"的快乐。本活动坚持以人为本，以活动为主的原则。尊重幼儿的生活实际，关注幼儿的生活经验，通过引导幼儿自主活动，培养幼儿的实际生活技能，促进幼儿的道德发展。

▶ 活动目标

1. 萌发同情心、爱心，感受义卖、捐助带来的喜悦感与成就感，激发幼儿的社会责任感。

2. 了解义卖的方法、过程，能用义卖的方式帮助有困难的人。

3. 积极参与义卖活动，大胆提出自己的建议。

活动准备

1. 经验准备：幼儿有买卖物品的经验。

2. 物质准备：活动课件，故事书，每人1～3件剪纸作品。

活动建议

1. 组织谈话活动"我们可以怎样帮助失学儿童"，引导幼儿初步了解义卖的意义。

（1）结合公益广告，激发幼儿救助失学儿童的愿望。

播放呼吁救助失学儿童的公益广告，组织幼儿讨论公益广告的内容，引导幼儿感受失学儿童对上学的渴望之情。

（2）结合关于义卖的报道，使幼儿知道可以通过义卖的方式帮助有困难的人。请幼儿自主介绍义卖活动的报道。

（3）请幼儿介绍自己带来的义卖物品，说一说物品的好处。

（4）组织幼儿讨论：如何介绍、推销自己的物品，才能让别人愿意买？例如：热情地招呼顾客；详细说明物品的用途、使用方法；合理定价，可贴上标签，方便顾客购买；买卖中可以讨价还价。

2. 带领幼儿布置爱心义卖会场，锻炼幼儿分工协作的能力。

安排幼儿分组布置义卖会场，将义卖物品分类摆放好。活动中，鼓励、引导幼儿大胆提出自己的建议和想法，共同合作，合理布置场地、摆放物品。

3. 开展爱心义卖活动，引导幼儿体验义卖活动带来的成就感。

（1）组织幼儿分工合作，积极参与公益活动。

幼儿根据自己的意愿承担不同的任务，分工合作开展义卖活动。

（2）教师随机抓拍幼儿的活动表现，为交流、分享环节准备资料。

（3）家委会代表与幼儿一起清点义卖所得的现金、统计快捷支付的款项。

（4）园长和教师为参加义卖的幼儿和"顾客"送上爱心答谢卡，表示感谢。

活动延伸

组织幼儿交流、分享参加爱心义卖活动的感受。请幼儿把义卖的过程以及想要对贫困失学儿童说的话和祝愿画下来，与义卖所得的钱放在一起，由家委会陪同送到民政部门，为贫困失学儿童送上爱心和祝福。

附图片

图2-31 幼儿义卖现场

活动七　艺术(手工)——剪纸遇上文创

活动意图

在"当剪纸遇上文创"这一美术手工活动中,我们主要的目标是将传统文化与现代的创新理念相互融合,让幼儿亲身体验中国宝贵的非物质文化遗产——剪纸艺术的魅力。这样的活动能够激发幼儿的创新思维和创造力,引导他们学会如何将传统的剪纸元素与现代文化创意设计的先进理念相结合。鼓励幼儿在创作过程中,不仅仅学习传统的剪纸技艺,而是要在此基础上进行创新,使他们的手工作品既有深厚的文化底蕴,又充满新颖的创意,从而创作出既有传统韵味又符合现代审美的独特作品。

活动目标

1. 对中国传统文化产生兴趣和热爱,增强文化自信,同时激发创造力和想象力。

2. 鼓励幼儿将传统剪纸元素与现代文创理念相结合,运用热转印、热缩片、数字剪纸等新工艺,创作出具有个人特色的手工作品。

3. 了解剪纸艺术的基本知识和技巧,学会使用剪刀安全地剪出简单的图案。

活动准备

1. 经验准备:活动前进行剪刀使用安全教育,确保每位幼儿都能正确使用剪刀并注意安全。

2. 物质准备:彩色纸张(红、黄、蓝、绿等多种颜色)、剪刀、胶水、彩笔、装饰用的小物件(亮片、丝带)、文创产品样本图片或实物(书签、挂饰、卡片等)、作品展示台。

3. 环境准备:将教室布置成一个小型展览区,展示一些结合剪纸元素的文创产品,营造浓厚的文化氛围。

活动建议

1. 出示课件中的文创产品,引起幼儿兴趣。

(1)展示一些结合剪纸元素的文创产品,引导幼儿观察并讨论这些产品是如何将传统剪纸与现代设计相结合的。

(2)教师进行创意启发,幼儿相互讨论创意。

教师引导幼儿思考如何将剪纸图案与现代文创产品相结合,创造出新的作品。

幼儿之间相互交流、讨论。重点向幼儿介绍简易的热转印、热缩片、数字剪纸的制作方法。

2. 幼儿根据自己的想法,选择适合的剪纸图案和文创产品形式(如书签、挂饰、卡片),开始设计并制作自己的作品。

教师进行巡回指导,帮助幼儿解决遇到的问题。

3. 教师出示作品展示台,幼儿进行作品展示及评价。

(1)作品展示:邀请幼儿展示自己的作品,并简单介绍创作思路和过程。

(2)同伴评价:鼓励幼儿相互欣赏和评价作品,学习他人的优点并发现自己的不足。

(3)教师总结:教师总结本次活动的亮点和收获,表扬幼儿的创意和努力,同时提出改进建议。

▶ **活动延伸**

开展线上分享会:利用网络平台,如班级微信群或学校网站,分享幼儿的剪纸作品和创作心得,扩大活动的影响力,让更多人了解和欣赏剪纸艺术。

附图片

图 2-32　剪纸文创图

中班教育活动设计"剪纸纹样多"

第 三 章

主题活动价值

剪纸作为中国民间艺术形式之一,历史悠久。剪纸纹样具有造型美、意境美、色彩美等特点,反映人们的生产生活方式、精神风貌以及社会认知、道德观念等,还蕴含着丰富的象征意义,寄托人们对美好生活的向往和追求。例如剪纸中的"喜鹊登梅"图案,通过生动的形象和巧妙的构图营造一种温馨和谐的氛围,还寓意喜庆吉祥、对生活美满的祝福和期盼。剪纸纹样不仅是一种艺术形式和文化载体,更是一种能够激发人们创造力、传承民族文化的重要途径。

剪纸纹样种类繁多,为幼儿提供了丰富的想象素材。《关于实施中华优秀传统文化传承发展工程的意见》指出:中华优秀传统文化积淀着多样、珍贵的精神财富,是中国人民思想观念、风俗习惯、生活方式、情感样式的集中表达,要大力弘扬有利于促进社会和谐、鼓励人们向上向善的思想文化内容。《3～6岁幼儿学习与发展指南》也提出:生活经验,引导幼儿围绕主题展开想象,进行艺术表现。同时,剪纸纹样中的寓意,在创作过程中需要幼儿理解内化,并将其融入自己的作品中,这些创作过程本身就是想象力的锻炼与培养。

本活动通过"剪纸图案真有趣""剪纸造型大家学""剪纸纹样巧设计"三个递进层次,借助故事讲述、视频展示等形式,让幼儿从最早的纸张发明到民间艺人如何用一把剪刀、一张纸,创造出令人惊叹的艺术品,初步感知剪纸艺术的深厚历史与文化背景;在绘本阅读、作品赏析等形式中,探索剪纸中蕴含的丰富纹样及其背后的吉祥寓意。另外,幼儿还可以将学习到的纹样进行大胆创作,设计出表达自己幸福生活、美好愿望的专属纹样。整个主题活动,不仅让幼儿学习剪纸的基本技巧,更让剪纸这一中华优秀传统艺术形式,如同一颗小小的种子,在幼儿的心中生根发芽,激发他们对传统文化的兴趣与热爱。

主题活动目标

1. 情感与态度目标：在与同伴分享交流中体验剪纸带来的成功与喜悦，感受中国剪纸的独有魅力，萌发对中国剪纸的喜爱与兴趣。

2. 知识与能力目标：简单了解剪纸的起源与来历，通过阅读、赏析、操作、外出参观等活动，学习并了解几种常见的传统剪纸纹样及蕴含的象征意义，愿意动手尝试制作。

3. 技能目标：认真观察纹样和线条的变化，提高观察力和注意力。在学习剪纸的过程中，练习手眼协调配合，发展手部精细动作，提高手眼协调能力。

4. 转化与发展目标：能根据自己的想象、愿望，大胆设计具有吉祥寓意的剪纸纹样，创作出富有创意和特色的剪纸作品。

主题活动预设

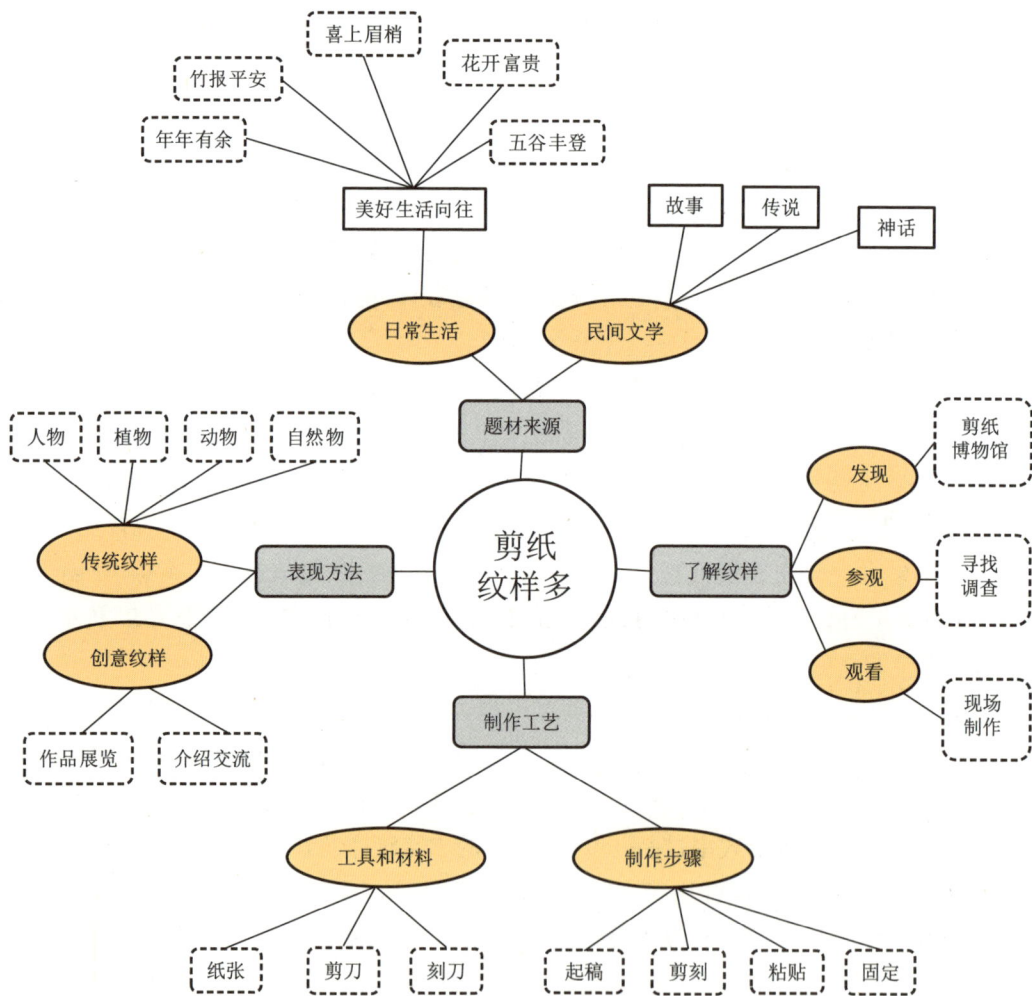

图 3-1 主题活动预设图

主题活动范围

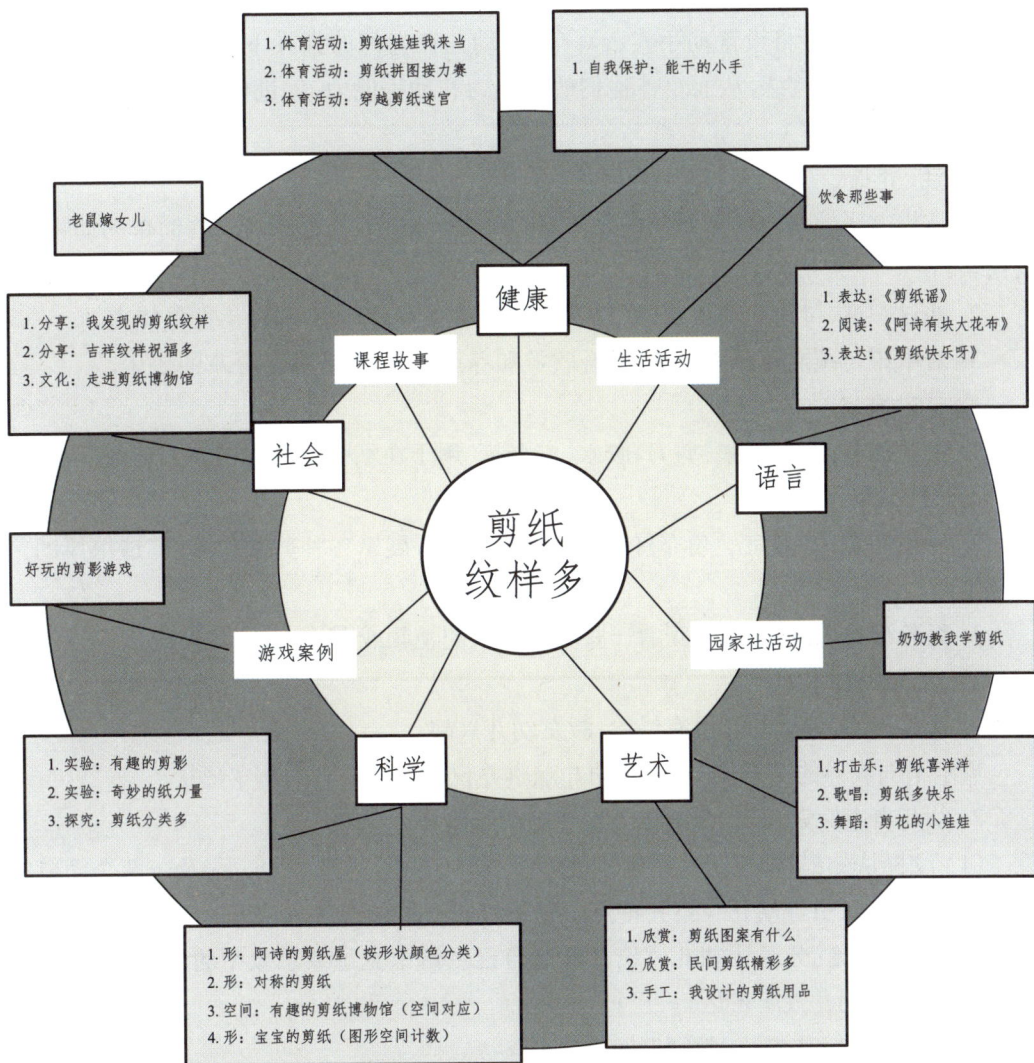

图 3-2　主题活动范围图

主题活动设计

第一周　剪纸图案真有趣

活动一 社会（分享）—— 我发现的剪纸纹样

▶ **活动意图**

剪纸纹样在我们的生活中很常见：窗花上、家居用品中、服饰中……本活动向幼儿介绍剪纸的历史渊源、独特的艺术形式和丰富的文化内涵。通过展示各种色彩鲜艳、形状各异的剪纸纹样,激发幼儿的观察力和想象力,引导他们发现剪纸纹样的美丽和独特之处。同时,活动还将设置动手实践环节,让幼儿在老师的指导下尝试剪纸,感受传统手工艺的乐趣和成就感,从而培养他们的创造力和动手能力,促进传统文化的传承和发展。

▶ 活动目标

1. 认识并了解基本的剪纸纹样及寓意,如圆形、方形、三角形及一些简单的动物、植物图案。

2. 通过观察、讨论和动手实践,培养幼儿的观察力、想象力和动手操作能力。

3. 对中国传统文化产生兴趣,学会欣赏和尊重他人作品,体验分享的快乐。

▶ 活动准备

1. 物质准备:彩色纸张、剪刀、胶水、安全笔(用于在纸张上描绘图案)、剪纸样品(包括不同纹样)、展示板。

2. 环境布置:将教室一角布置成"剪纸艺术角",展示各种剪纸作品,营造浓厚的艺术氛围。

3. 经验准备:提前让幼儿观看一些关于剪纸的视频或图片,激发其兴趣。

▶ 活动设计建议

1. 直接提问,调动幼儿已有经验,激发幼儿兴趣。

展示不同纹样的剪纸作品,引导幼儿观察并说出自己看到的图案形状。

2. 幼儿自主探索发现,归纳分类发现的剪纸纹样。

(1)纹样认知:教师逐一介绍基本的剪纸纹样(圆形、方形、三角形)及一两个简单的动物或植物图案,引导幼儿观察其特点。介绍纹样的吉祥寓意。

(2)小组讨论:分组让幼儿讨论并分享自己生活中见过或想象中的剪纸纹样,教师巡回指导,鼓励幼儿大胆表达。

3. 幼儿动手操作实践,教师巡回指导。

(1)幼儿自由选择纸张和纹样,在安全笔的辅助下先描绘出轮廓,再使用剪刀进行裁剪。教师巡回指导,注意幼儿安全,鼓励幼儿尝试创新。

(2)作品展示:将幼儿完成的作品粘贴在展示板上,使每位幼儿都有机会介绍自己的作品,包括纹样选择、寓意、创作过程及感受。

▶ 活动延伸

家庭亲子活动:鼓励家长与幼儿一起在家中寻找更多的剪纸纹样,共同制作一件家庭剪纸作品,增进亲子关系。

附图片

图 3-3　不同的剪纸纹样

活动二 艺术（欣赏）—— 剪纸图案有什么

活动意图

剪纸图案形式多样、寓意吉祥、造型生动。《3～6岁儿童学习与发展指南》指出：创造条件让幼儿接触多种艺术形式和作品，鼓励多带幼儿观看或共同参与传统民间艺术和地方民俗活动。从幼儿熟悉的剪纸作品"窗花"导入，激发幼儿对剪纸这一民间艺术形式的兴趣。教师带领幼儿集体欣赏剪纸作品，在观察、比较中了解剪纸的表现方法和特点，体验民间剪纸的艺术美，感受人们对美好生活的向往与追求。

活动目标

1. 欣赏剪纸艺术，喜欢剪纸活动，知道剪纸是中国特有的民间艺术。

2. 在观察、比较中了解不同类型的剪纸图案的含义并进行大胆的猜测、表达。

3. 通过欣赏和体验剪纸艺术活动，感受不同样式的剪纸图案所蕴含的美好寓意，增进对中华传统文化的认同感和自豪感。

活动准备

1. 知识准备：幼儿进行过剪纸活动，知道窗花是剪纸的表现形式之一。

2. 物质准备：活动课件、剪好的窗花作品。

3. 环境准备：适合幼儿集中观看的活动场地。

活动设计建议

1. 出示幼儿熟悉的剪纸作品"窗花"，激发幼儿对于剪纸图案的回忆及兴趣。

教师出示剪好的窗花作品，提问幼儿："这是什么？它是怎样变出来的？剪纸还可以剪出哪些图案？"

2. 通过观察、比较，发现民俗剪纸的不同图案，了解剪纸的艺术表现特点。

剪纸图案通常具有象征意义，而剪纸的主题也多种多样，蕴含着吉祥、幸福、长寿等美好的寓意，表达人们对生活的理解和对未来的期望。

（1）教师展示多样的剪纸图案，引导幼儿通过讨论分享自己认为的图案含义。

（2）教师结合图片进行小结。

【团花】：团花图案通常由重复的几何形状组成，呈现出对称和规则的美感。圆形团花是最常见的图案之一,表示完整、完美和和谐。

【鱼】:鱼与"余""玉"谐音,在剪纸中多用来表达连年有鱼、金玉满堂等。除此之外,双鱼图案常常被用来象征美好的爱情。

【瑞兽】:在古代,瑞兽图案被广泛用于装饰和工艺品,比如龙寓意权力和富贵、凤凰代表美丽和幸福,虎象征勇猛和力量,龟象征长寿和智慧……

（3）鼓励幼儿在纸上大胆设计剪纸图案,并进行创意剪纸。

3. 幼儿展示自己的设计作品,分享剪纸图案的寓意,体验剪纸的乐趣。

▶ **活动延伸**

将幼儿的设计图装订成册,起到民俗剪纸图案宣传册的作用。

附图片

图3-4　形式多样的剪纸图案

活动三 语言（表达）——《剪纸谣》

▶ **活动意图**

剪纸作为中国传统文化艺术形式之一,蕴含着丰富的象征意义,寄托人们对美好生活的向往和追求。诗歌《剪纸谣》创设了幼儿观看奶奶剪纸的情境,包含了许多代表我国传统节日的文化元素。《幼儿园教育指导纲要》指出:发展幼儿语言的关键是创设一个能使他们想说、敢说、喜欢说、有机会说并能得到积极应答的环境。本次活动通过集体欣赏的形式,让幼儿在倾听与表达中能充分感受中国文化的独有魅力,萌发对中国剪纸的喜爱与兴趣。

▶ **活动目标**

1. 能理解诗歌的内容,感受剪纸形象的丰富多样,了解不同图案与传统节日的关系。

2. 根据传统节日习俗,大胆联想、仿编诗歌,并运用动作表达自己的理解和感受。

3. 喜欢用动作表演诗歌,激发想象力和创造力,感受中华传统文化的独特魅力。

◆ 活动准备

1. 知识准备:简单了解春节、清明节、元宵节、端午节的习俗。

2. 物质准备:活动课件,窗花、灯笼、柳条、龙舟等剪纸作品,彩纸,剪刀。

3. 环境准备:美工区创设与窗花、灯笼、柳条、龙舟等剪纸作品有关的传统节日展示区。

◆ 活动设计建议

1. 出示图片激发幼儿兴趣,引出诗歌内容。

提问:"你们瞧奶奶在做什么?你猜她会用剪纸剪些什么?"

2. 教师完整表演诗歌,幼儿了解诗歌内容,理解不同的剪纸形象与不同的传统文化有关。

（1）教师完整表演诗歌后提问:"诗歌中讲了一件什么事情?你都听到他们剪出了什么?"

教师小结:诗歌里讲述了奶奶和小朋友一起剪纸的故事,他们剪了大窗花、红灯笼、细杨柳、香艾条。

（2）教师分段表演诗歌,幼儿重点理解剪纸形象与不同的传统文化的对应关系。

① 教师表演"奶奶奶奶手真巧……我和奶奶剪纸谣"提问:"奶奶剪纸的本领怎么样?诗歌里是怎样说的?我和奶奶是怎样剪纸的?诗歌里是怎样说的?"

② 教师边出示图片边表演"一剪大窗花……端午龙船到"提问:"什么时候我们会剪窗花?"（春节）"什么时间会挂红灯笼?"（元宵节）"什么时候就能见到细柳条?"（清明节）"什么时间家里会有香艾草?"（端午节）

③ 教师表演诗歌最后两句提问:我们可以有这么多的传统节日,你的心情怎么样?诗歌里是怎样说的?

3. 幼儿创编动作完整表演诗歌,并尝试根据节日习俗仿编诗歌。

◆ 活动延伸

提供彩纸、剪刀等材料,引导幼儿在区角游戏中根据诗歌中提到的节日元素进行剪纸创作。

附诗歌与图片

剪纸谣

奶奶奶奶手真巧,

小朋友们跟着瞧。

一张红纸一剪刀,

我和奶奶剪纸谣。

一剪大窗花,新春来得早;

二剪红灯笼,元宵处处闹;

三剪细杨柳,清明去祭扫;

四剪香艾条,端午龙船到。

我们的节日真美好,

中华文化根基牢。

附图片

图 3-5　剪纸图

活动四　音乐(打击乐)——剪纸喜洋洋

▶ 活动意图

乐曲《喜洋洋》是中国的民乐精粹,全曲为 ABA 三段体结构,A 段音乐欢快跳跃,B 段音乐舒缓轻松,整首乐曲充满喜庆氛围,具有较强的音乐感染力。中班幼儿喜欢演奏乐器,但对于三段体长度的乐曲演奏较少。活动运用多种形式引导幼儿熟悉乐曲旋律,以"大家一起来剪纸"的情节贯穿,通过身体动作表现节奏,鼓励幼儿根据乐器音色和乐曲旋律大胆配器、合作演奏。本活动自始至终以幼儿的自主性和主动性为本,满足幼儿对音乐的感知与表现。

▶ 活动目标

1. 能用身体动作表现乐曲节奏,为乐曲进行配器,随音乐进行打击乐演奏。

2. 熟悉乐曲 ABA 的结构,进一步体验乐曲欢快的情绪。

3. 根据指挥的指示做出反应进行合作演奏,感受节奏带来的韵律美。

▶ 活动准备

1. 经验准备:幼儿有剪纸的经验,熟悉音乐旋律及节奏。

2. 物质准备:打击乐器(碰铃、铃鼓、圆舞板、双响筒)若干,《喜洋洋》音频,将幼儿分为 4 个小组,呈马蹄形摆放座位。

▶ 活动设计建议

1. 完整欣赏乐曲,了解乐曲结构和欢快喜庆的特点。

(1)幼儿在音乐伴奏下走进活动室,教师提问:听到刚才的乐曲,你有什么样的感觉?你在什么时候听到过这首乐曲?

（2）完整欣赏乐曲，提问：认真聆听音乐，听一听这首乐曲一共有几段？

2. 通过形象化的引导，让幼儿学习并练习掌握乐曲的节奏型，练习用身体动作表现乐曲节奏。

（1）教师将8分、4分和2分音符的节奏形象化，帮助幼儿感知节奏的不同步。

（2）幼儿看节奏图谱，完整地随音乐拍手练习乐曲节奏。

（3）分段欣赏乐曲，通过谈话，调动幼儿快乐剪纸的已有经验，说一说："我们一起剪纸的时候大家都做些什么事情？"并鼓励幼儿创编动作进行表演。

（4）幼儿根据自主创编的动作总谱，用身体动作完整表现乐曲节奏。

（5）引导幼儿分组用身体动作表现乐曲节奏。

（6）鼓励幼儿尝试有感情地朗诵，感受童谣的韵律美。

3. 自主配器，完整演奏，表现乐曲的旋律特点。

（1）出示铃鼓、碰铃、响板和双响筒，请幼儿演示乐器的使用方法、听辨音色。

（2）幼儿根据乐器的音色特点和乐曲的旋律特点，尝试自主配器。

（3）感受合作演奏的乐趣。

幼儿尝试根据配器方案进行合作演奏，教师观察并提示。

▶ 活动延伸

幼儿回家后，可以和爸爸妈妈一起找一些家里能发出声音的物品，比如勺子、碗、书本等，尝试模仿我们今天在课堂上的打击乐节奏，创作一段属于自己的音乐。

附配器建议与图谱

拍头——碰铃，拍肩——圆舞板，拍手——铃鼓，右手敲腿——双响筒。

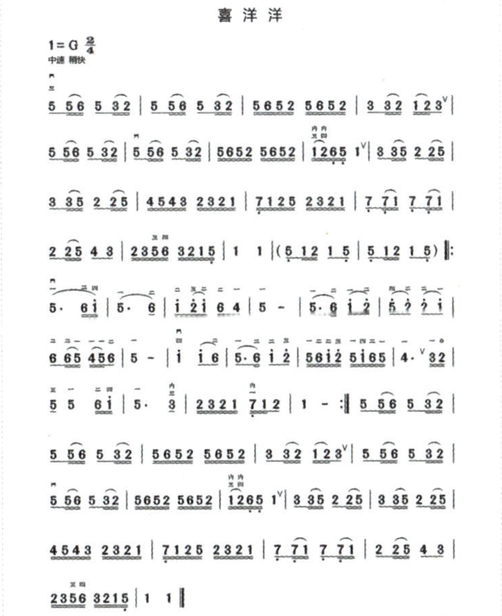

图3-6　《喜洋洋》乐谱

活动五 健康（自我保护）—— 能干的小手

活动意图

在中班阶段,幼儿正处于身体和心理快速发展的关键期,他们开始意识到自己的能力和责任,并渴望通过实践来展现自我。《3～6岁儿童学习与发展指南》指出:创设安全的生活环境,提供必要的保护措施,结合生活实际对幼儿进行安全教育。本次活动"能干的小手"旨在通过一系列有趣且富有教育意义的环节,帮助幼儿认识到手的重要性,同时学习如何保护和合理使用自己的双手,培养自我保护意识。

活动目标

1. 认识到手的多种功能,知道手的重要性。

2. 通过自主活动,发展动手操作能力和创造能力。

3. 学习如何保护和合理使用自己的双手,并与同伴交流与分享,增强安全意识。

活动准备

1. 经验准备:幼儿有认识手的经验。

2. 物质准备:

角色区:废旧纸、衣物、玩具;皮筋、线团、酸奶瓶等。

探索区:磁力玩具(如小猫钓鱼)、拼图等。

泥工区:小铲子、小水桶、泥土、塑料刀等。

安全教育图片或视频。

3. 环境布置:作品展示区。

活动设计建议

1. 介绍新增设的工作区,幼儿根据自己的兴趣和意愿选择进入不同的活动区。

教师巡回指导,观察幼儿的操作情况,适时给予帮助和提示。

2. 请幼儿展示自己的作品,并讲述创作过程和使用手的感受。

鼓励幼儿之间相互评价和学习,增进彼此的了解和友谊。

3. 展示安全教育图片或视频,引导幼儿了解手可能遇到的危险和如何避免。

(1)强调不玩尖锐物品、不咬手指头、保持手部卫生等自我保护知识。

(2)教师总结本次活动的收获和亮点,表扬幼儿的积极参与和良好表现。鼓励幼儿在日常生活中继续发挥手的本领,同时注意保护自己的双手。

活动延伸

生活中鼓励幼儿用自己的小手做事情,自己能做的事情自己做,并知道爱护自己的小手。

附图片

图 3-7　正确用手

活 动 六 科学（实验）—— 有趣的剪影

活动意图

中班幼儿对周围事物和现象产生浓厚兴趣,尤其在剪纸活动中对影子产生好奇。影子作为日常现象,其变化引起幼儿好奇心。本次活动旨在帮助幼儿了解影子数量、大小、方向变化与光的关系,学会主动尝试和探究。《3～6岁儿童学习与发展指南》指出:幼儿能观察、比较与分析,发现并描述物体特征或事物变化。活动将借助故事、生活、游戏情境,引发幼儿讨论影子形成与变化。在自主探究中,幼儿将探索影子与光的关系,提出问题并尝试解决。

活动目标

1. 大胆探索、发现影子的变化与光的关系,并能用语言简单交流自己的发现。

2. 操作与发现的过程中不断提出问题,并尝试解决。

3. 感受活动的乐趣,产生继续探究影子的兴趣,锻炼自身的思考力和解决问题能力。

活动准备

1. 经验准备:动前玩"踩影子"游戏、会玩简单的手影游戏。

2. 物质准备:6块遮光板,3张桌子,手电筒9个,特质牙膏盒12个,河马、长颈鹿的标志各6个,狮子、长颈鹿头饰各3个,PPT,白色大KT板2张,卡通影子小精灵图片6张。

活动设计建议

1. 回忆已有经验,引导幼儿探索影子的兴趣。

（1）问题情境:"你们见过影子吗?你们都见过谁的影子?在哪儿见过？"

（2）故事情境:"剪影王国",初步了解影子形成的原因和特点。

主要提问:"你们发现影子是什么样的?影子为什么不见了？"

2. 情境游戏引发幼儿自主探索,发现影子的秘密。

（1）由国王的问题引发幼儿小组合作探究,发现影子的大小与物体和光的距离有关。

介绍实验操作材料及手电筒的使用安全。要求:两人一组,用手电和动物卡片一起来找一找,国王提出的影子小秘密。

引导幼儿自主探索,教师巡回指导,帮助幼儿提升获得的新经验。鼓励幼儿移动手电筒或物体的位置,发现影子的大小、方向与光的关系。

(2)教师边演示课件边小结,幼儿再次尝试,验证实验结果。

3. 创意影子造型游戏,幼儿进一步探究影子的组合和变化。

(1)创设"找影子小怪兽"的情境,激发幼儿帮助影子国王的兴趣。

(2)通过想办法帮助国王遮挡影子小怪兽,提升影子重叠、组合等经验。要求:两人一组,站在白板面前,试试看怎样才能遮住影子小怪兽。

(3)播放"影子表演"的视频,感知由手影到身影的有趣变化。总结:影子的有趣,鼓励幼儿尝试继续探究。

▶ 活动延伸

请家长和幼儿一起在家中进行变手影的游戏,并让幼儿把自己的手影用绘画的方式记录下来,带到幼儿园与同伴分享。

附图片

图 3-8 手影图

活动七 科学(形)——宝宝的剪纸(图形空间计数)

▶ 活动意图

《3～6岁儿童学习与发展指南》指出:用多种方法帮助幼儿在物体与几何形体之间建立联系。"宝宝的剪纸"这一数学活动,旨在激发幼儿对图形与空间概念的初步认知与兴趣。通过亲手操作剪纸,幼儿能够在实践中学习识别不同的图形,如圆形、正方形、三角形等并初步理解这些图形在空间中的组合与变化。活动还融入了计数的元素,让幼儿在剪纸的过程中,自然而然地练习数数和分类,促进手眼协调能力和逻辑思维的发展。

▶ 活动目标

1. 学习遮挡计数的方法,正确点数立体图形数量。

2. 尝试从多个角度观察立体图形,感知图形的空间存在形式,理解立体图形被遮挡部分的空间关系。

3. 通过认真发现统计，享受探究成功的喜悦。

◐ **活动准备**

1. 经验准备：幼儿已有比对图片拼贴剪纸的经验。

2. 物质准备：建好的有遮挡关系的彩色剪纸图片人手 1 张，各种颜色、形状的剪纸若干，操作单和彩笔。

◐ **活动设计建议**

1. 出示彩色剪纸，创设争当"小小统计员"游戏情景，激发幼儿挑战自我的兴趣。

2. 通过发现与统计，学习遮挡计数的方法，正确点数立体图形数量。

（1）教师逐幅出示 4 幅拼摆不同造型的图片（有部分遮挡关系的立体图形），请幼儿估算说出用了多少块剪纸，教师做好第一次记录。

（2）请幼儿每人拿一张图片，在桌面上根据图片进行搭建，提醒儿既要对应形状，还要关注颜色。

（3）请幼儿在操作单上计数每个造型所用剪纸的总数及每种颜色所用的剪纸数。启发幼儿从各个角度观察找出造型中被遮挡的部分。

（4）交流计数结果，与第一次估算数量进行对比，引导幼儿理解立体图形被遮挡部分的空间关系，有一定的空间概念。

（5）出示有整体遮挡的图案，再请幼儿进行观察统计，可以启发幼儿思考验证答案的方法：把造型拆散，数一数它用了多少剪纸，进一步理解立体造型图中的遮挡关系。

3. 总结整理，幼儿享受探究的喜悦与成功感。

◐ **活动延伸**

在数学区投放操作单和彩笔供幼儿练习。

附图片

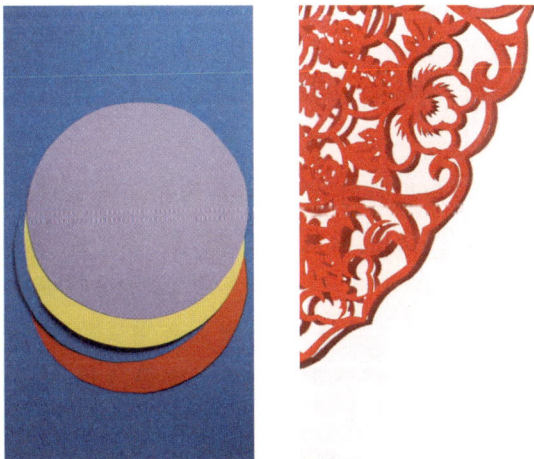

图 3-9　剪纸图

第二周　剪纸造型大家学

活动一　语言（阅读）——《阿诗有块大花布》

活动意图

《阿诗有块大花布》被列入教育部推荐的3～6岁幼儿阅读书单,这是一本温馨感人的图画书,讲述了一个有关付出和收获的故事。该书画风用红灰白三色集中体现出中国原创图画书的特色。《3～6岁儿童学习与发展指南》指出:4～5岁的幼儿能大体讲出所听故事的主要内容。本活动通过分段和完整讲述的形式,引导幼儿在倾听的基础上,结合画面讨论故事内容,逐渐理解"朋友"的意义,懂得为朋友付出,也会得到朋友爱的回应的道理。

活动目标

1. 喜欢听故事,理解阿诗用花布做东西帮助别人的故事内容,知道只有付出才能收获更多。

2. 能结合画面大体讲出故事中阿诗与朋友间发生的趣事,大胆表达自己的想法,简单表演故事情节。

3. 学会分享,懂得在他人需要帮助时伸出援手,体验阿诗通过帮助别人得到认可的快乐情感。

活动准备

1. 知识准备:知道朋友间要懂得互相分享。

2. 物质准备:活动课件,阿诗、大象、黑熊、斑马、考拉、松鼠的动物头饰。

3. 环境准备:语言区投放《阿诗有块大花布》图画书。

活动设计建议

1. 出示图片引出故事内容,激发幼儿倾听故事的兴趣。

提问:"有一位朋友带来了一块布,这是一块什么样子的布?这是谁的布呢?"

2. 教师整体讲述故事,幼儿了解阿诗都用花布做了哪些事情,理解付出和分享会收获更多朋友的情感表达。

（1）教师完整讲述故事后提问:"故事中阿诗都用画布做了什么?她将剪好的画布都送给了哪些小动物?"

（2）教师结合图片分段讲述故事内容,幼儿重点体会阿诗通过分享和帮助别人,从而得到认可的快乐情感。

① 结合第1～3张图片提问:"阿诗长什么样?不起眼是什么意思?"

② 结合第3～6张图片提问:"谁来了?大象想要有件花衬衫,阿诗会有什么办法呢?阿诗是怎么给大象做花衬衫的?现在阿诗的心情怎么样?阿诗和大象说了什么?"

③ 结合第7～12张图片提问:"阿诗和黑熊说了什么,黑熊穿了新裙子,感觉怎

样？阿诗还对斑马、狐狸、考拉、蜗牛做了什么？"

④ 结合第 13 张图片提问："大花布还剩不少呢,如果你是阿诗想把它做什么？大花布用的一点都不剩了,阿诗现在的心情怎么样？"

⑤ 结合第 14～15 张图片提问："这下阿诗的心情又是怎样的呢？"

3. 幼儿扮演角色表演故事对话,感受阿诗愿意分享和帮助别人的优秀品质。

▶ **活动延伸**

幼儿在区角游戏中表演故事,通过角色扮演进一步感受分享的重要性。

附故事

　　咔嗒、咔嗒,是谁在摘红红的果子？是谁在搭漂亮的小窝？原来是灰喜鹊——阿诗。阿诗个子小小,羽毛少少,鸟儿们觉得她很不起眼,有时候不和她玩。

　　"唉,还真是有些孤单啊。"阿诗叹着气。"唉,怎么办呢？"一个粗粗的声音也在叹气。"咦,是谁？你在哪儿？"原来是大象！"你为什么叹气？"阿诗问。"我可真想有件衬衫啊！"大象说。"别难过,我有办法！"阿诗愉快地说。原来,阿诗有块大花布！她决定给大象做一件花衬衫！她一边做衬衫,一边高兴地哼着歌:"阿诗有块大花布,它有大用处,我想用它来帮助每一位动物。灰松鼠,小白兔,黑野猪,梅花鹿,想不想穿上花衣服去寻找幸福？"唱着唱着,缝着缝着,阿诗做好了大象的花衬衫。

　　大象很开心,这时——"你……你……你能给我做一条新裙子吗？"一只害羞的黑熊小声地问阿诗。"好呀！我很乐意！"花裙子做好了！黑熊快乐地跳起舞来。大花布呢,还剩很多呢！"我全身都是黑白条纹,真想坐在花沙发里呀！阿诗,你愿意帮我吗？"斑马大叔渴望地说。"没问题！我很乐意！"阿诗用剩下的花布给斑马大叔缝了只花沙发套。大花布呢,还剩下不少呢！接着,阿诗给狐狸姐姐做了条花围巾。做完围巾,花布还有剩余的,阿诗给考拉妈妈做了个花背包。小考拉躲在花背包里,睡得好甜、好香。那……大花布呢？花布还剩一小块,她给小松鼠做了个花布袋,呦,很方便哦！现在花布只剩下一丁点儿了,能做什么呢？还能给小蜗牛做一床花棉被呢！

　　这下阿诗的大花布都用完了。她觉得好像少了点什么……她哼着那首歌:"阿诗有块大花布,它是个礼物。我想用它来帮助每一位动物。小蜗牛,灰松鼠,大黑熊,斑马叔,带上我的大花布,去寻找幸福！""谢谢你,阿诗！朋友们都夸我的布袋漂亮！"小松鼠背着一袋松果来看望阿诗。阿诗好开心啊,还有……小伙伴们都来了,"我们喜欢你,阿诗！"①

---

① 符文征《阿诗有块大花布》,浙江少年儿童出版社 2017 年版。

图 3-10 《阿诗有块大花布》故事绘画

活动二 社会（分享）—— 吉祥纹样祝福多

▶ 活动意图

优秀的剪纸作品不仅体现了民间艺人的心灵手巧，更是劳动人民聪明才智的展示，是民间传统文化的结晶，剪纸作品中的吉祥纹样寄托了人民群众对美好生活的向往。中班幼儿敢于尝试有一定难度的活动和任务，因此本次活动通过观察法、讨论法，引导幼儿尝试运用谐音寓意的方法设计制作吉祥图案，并能够将吉祥纹样的美好祝福送给他人，在分享表达中进一步感知吉祥文化源于人民的生活实践，感受中国传统文化的魅力和人们对幸福的向往与追求。

▶ 活动目标

1. 了解剪纸中吉祥图案的应用及含义，感知剪纸图案与生活的联系。

2. 认真观察剪纸作品，尝试运用谐音寓意的方法设计制作吉祥图案，将美好寓意分享给他人。

3. 体会人们对美好生活的向往与追求，激发对于幸福生活的珍惜和热爱，感受传统文化的魅力。

▶ 活动准备

1. 知识准备：见过生活中常见的剪纸作品，提前调查了解过部分谐音的美好寓意。

2. 物质准备：多媒体课件。

3. 环境准备：布置剪纸作品展示区。

▶ 活动设计建议

1. 图片导入，帮助幼儿建立剪纸与生活的联系，激发幼儿的探索兴趣。

教师出示图片引导幼儿观察生活百态图：牛羊猪狗、花草树木、房舍农具。

2. 教师出示图片,向幼儿介绍与谐音意义有关的剪纸图案含义。

(1)出示《福寿双全》《喜上眉梢》等剪纸作品,引导幼儿观察思考。

提问:"作品中出现了哪些形象?它们有什么特殊的寓意?"(蝙蝠、梅花、瓶子等形象;寓意:蝠——福、梅——眉等,表达了劳动人民对幸福的向往与追求)

(2)请幼儿说一说在剪纸作品中还有哪些纹样寄托着吉祥的含义。

小结:在民间剪纸中,我们经常能见到一些"不相关"的画面组合,就是利用与画面相同或近似的字词音表达出吉祥的寓意,正是谐音在民间美术中的运用。

3. 幼儿运用谐音寓意的方法设计并制作吉祥图案剪纸,将美好寓意分享给他人。

(1)幼儿讨论交流自己想运用的谐音寓意,运用不同的谐音寓意制作吉祥剪纸纹样。创作过程中教师巡回指导。

(2)幼儿将剪好的吉祥图案剪纸赠送给身边的伙伴,并向他人表达图案所蕴含的吉祥寓意,感受剪纸的独特魅力。

(3)教师小结:吉祥文化源于劳动人民的生活实践和伟大创造,而剪纸在吉祥文化的发展与传播中起到了巨大的作用,因此我们每个人都应该为了它的传承和发展贡献出自己的力量,使其发出更加耀眼的光芒。

▶ **活动延伸**

举办"巧手大赛",幼儿选取寓意美好的吉祥纹样进行设计,完成剪纸作品。

附素材

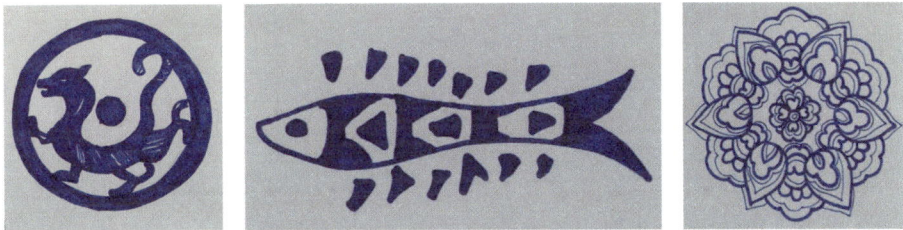

图 3-11 吉祥纹样

活动三 艺术(欣赏)——民间剪纸精彩多

▶ **活动意图**

逢年过节、喜庆婚宴,人们都喜欢用剪纸的形式进行装饰美化。剪纸是中班幼儿较喜欢的活动之一,中班幼儿已经练习过短直线、长直线、弧线、曲线的剪法,大部分幼儿掌握了剪刀的基本用法。《3~6岁儿童学习与发展指南》指出:4~5幼儿能在欣赏艺术作品时产生相应的联想和情绪反应。本次活动通过观察、讨论等方式带领幼儿在了解我国民间剪纸艺术特点的基础上,比较分析不同剪纸纹样所蕴含的独特含义,感受剪纸艺术与众不同的美感。

▶ 活动目标

1. 初步感受不同剪纸作品的艺术美及其艺术特点。
2. 初步了解民间剪纸的制作过程,萌发学习剪纸的兴趣。
3. 了解剪纸的用途及它与人们日常生活的关系,产生民族自豪感。

▶ 活动准备

1. 知识准备:幼儿进行过剪纸活动,了解过剪纸图案中与谐音有关的美好寓意。
2. 物质准备:多媒体课件,剪纸工具、材料人手一份。
3. 环境准备:布置一个剪纸作品展。

▶ 活动设计建议

1. 创设参观剪纸作品展的情境,引导幼儿欣赏剪纸作品的美。

引导幼儿进行参观欣赏,利用浓郁的艺术氛围和开放式的教学吸引他们。提问:"这些剪纸作品美吗?美在哪里?你喜欢哪一幅?"

小结:剪纸作品的颜色、图案非常美,剪纸作品的图案有人物、动物、文字、花木、山水等内容。

2. 通过观察、比较,感受剪纸的深厚寓意及在生活中的装饰作用,提高审美能力。

(1)带领幼儿欣赏剪纸作品《百年好合》并提问:"这幅作品中有什么?什么时候会见到这样的剪纸?它代表什么含义?"

(2)欣赏作品《龙凤呈祥》,引导幼儿讨论。

提问:"这两幅作品上有什么?它们代表什么意思?剪纸里有什么?这两幅作品可以贴到哪里?"

小结:不同的剪纸作品可以贴到不同的地方,而且有不同的寓意,有的是祝贺新郎新娘百年好合、永结同心,有的是年年有余,有的是龙凤呈祥等,都表示了人们对美好生活的向往。

(3)教师出示剪纸作品《年年有余》,组织幼儿以小组为单位讨论下列问题。

① 这幅剪纸作品较之其他艺术形式在造型、色彩等方面有什么特点?(形象生动,鱼儿和莲花的形象惟妙惟肖,色彩选取大红色十分鲜艳,构图饱满和谐。)

② 在这幅作品中作者剪了哪些不同形状的纹样?(圆点最常用于表现花朵的花心和动物的眼睛,月牙纹适合表现轮廓线,锯齿纹适合表现动物的身上的纹理和毛发,柳叶纹用于植物造型和花蕊。)

总结:剪纸中的装饰纹样是许多民间剪纸艺人在长期的剪纸实践中总结而成用于表现特定事物、美化事物外观的不同装饰。常见的纹样有月牙纹、锯齿纹、柳叶纹、鱼鳞纹等,通常在一幅作品中会出现几种不同的装饰纹样,纹样的运用可以使剪纸变得生动起来。

(4)教师示范剪一幅带有吉祥纹样的剪纸作品并讲解步骤。

3. 播放课件,了解中国剪纸的发展,激发幼儿初步的民族自豪感。

教师:"有的剪纸都是一种颜色的,称为单色剪纸。剪纸随着人们的喜爱也发生了许多变化,出现了彩色剪纸等。剪纸源于哪个国家?"

小结:剪纸源于中国,看上去非常美丽漂亮。在喜庆的日子里,人们喜欢用它来装饰,所以剪纸是我国的传统装饰艺术形式,现在也深受许多人的喜爱。

▶ 活动延伸

幼儿自己结合民俗剪纸的图案进行制作,联系社区举办一个剪纸作品展。

附图片

图 3-12　剪纸装饰

活动四　艺术(歌唱)—— 剪纸多快乐

▶ 活动意图

《剪纸歌》是一首 2/4 节拍的儿童歌谣。歌曲中讲述了小燕子拿起剪刀,剪出了狗、猫、喜鹊等小动物。欢快活泼的曲调可以激发幼儿对剪纸的兴趣,增加对歌唱活动的喜爱。《3～6岁儿童学习与发展指南》指出:艺术是人类感受美、表现美和创造美的重要形式,教师要为幼儿艺术领域学习创造条件和机会,让幼儿萌发对音乐的喜爱之情。中班幼儿的生活经验、语言表达能力已较小班有了提升,本活动通过集体教学的形式,让幼儿在倾听、唱歌、表演中感受剪纸的乐趣,激发对于民间艺术形式的美好向往。

▶ 活动目标

1. 喜欢倾听歌曲,理解歌词内容的基础上完整准确的演唱《剪纸歌》。
2. 唱准歌词,在演唱的过程中运用不同的动作表现音乐。
3. 体会剪纸的趣味性,激发对于剪纸艺术的喜爱,对民间艺术形式萌发尊重与欣赏。

▶ 活动准备

1. 知识准备:幼儿了解常见小动物的叫声,见过动物形象的剪纸作品。
2. 物质准备:活动课件,剪纸歌音频,动物形象的剪纸作品。

3. 环境准备:布置适合表演的活动场地。

活动设计建议

1. 图片导入,丰富幼儿对于动物形象剪纸的认识,引出《剪纸歌》。

教师出示十二生肖的剪纸图片,提问幼儿"都有哪些小动物? 他们是怎样创作出来的? 让我们一起来聆听一首关于动物剪纸的儿歌吧。"

2. 教师弹唱歌曲,引导幼儿熟悉《剪纸歌》的旋律、理解歌词内容。

(1)完整聆听歌曲《剪纸歌》,运用图谱初步感受歌词内容。

提问:"你听到歌里唱到了什么? 是谁在剪纸? 都剪出了什么?"

(2)通过你问我答游戏,重点理解中间部分的歌词。

提问:"歌曲中剪只狗、猫、喜鹊,它们分别是怎样叫的? 我们一起来唱一唱。"

(3)再次聆听音乐旋律,用动作表现歌词中的不同动物形象。

提问:"你想用什么样的动作来表达狗、猫、喜鹊?"

3. 幼儿欣赏不同动物形象的剪纸,结合歌曲旋律进行仿编。

(1)师幼加上动作共同完成歌唱表演。

(2)提问:"还可以用剪刀剪出什么小动物呢? 它的叫声是什么样的? 谁能用歌曲中的旋律来试一试?"

活动延伸

幼儿回家后将《剪纸歌》唱给爸爸妈妈听。

附乐谱和剪纸作品

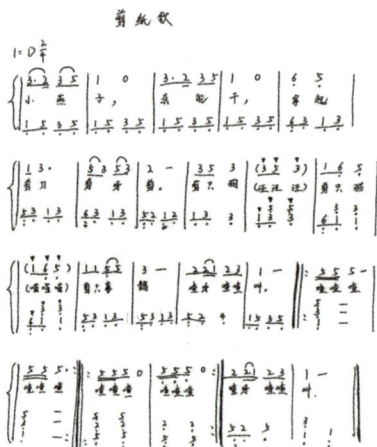

图 3-13 《剪纸歌》乐谱

图 3-14 幼儿剪纸作品

活动五 科学(形)——阿诗的剪纸屋(按形状颜色分类)

活动意图

《幼儿园教育指导纲要》指出,从生活和游戏中感受事物与数量关系并体验学习数学的重要和有趣。中班幼儿能够感知和发现常见几何图形的基本特征,并能进行分类。在此经验基础上,本活动将图形与分类结合到一起,为幼儿提供丰富的操作材料。幼儿已经了解过图画书《阿诗有块大花布》的内容,因此本活动的游戏情境创设有利于激发幼儿的兴趣,激发幼儿探索并体验数学活动的乐趣,发展幼儿细致的观察力和动手操作能力。

▶ 活动目标

1. 初步学习按图形的两种特征进行分类。

2. 尝试根据"花布"的颜色、形状和大小整理货架,并能按自己的需求进行"买卖"活动。

3. 激发对于数学活动的兴趣,乐于参与整理活动,体验帮助别人的快乐。

▶ 活动准备

1. 知识准备:幼儿学习过长方形、圆形、三角形、正方形的图形特征。

2. 物质准备:幼儿每人 1 套红、黄、蓝 3 种颜色的长方形、圆形、三角形、正方形的花布卡片,剪纸货架的图片。

3. 环境准备:在教室里布置活动主题展示墙。

▶ 活动设计建议

1. 创设游戏情境,激发幼儿参与活动的兴趣。

幼儿交流讨论"花布"的颜色和形状,复习长方形、圆形、三角形、正方形 4 种形状及红、黄、蓝 3 种颜色。提问:"桌子上都有什么颜色、形状的'花布'?"

2. 创设帮阿诗整理剪纸屋的游戏情境,引导幼儿根据形状或颜色摆放"花布"。

(1)出示各种颜色、形状的"花布",请幼儿尝试为阿诗整理剪纸屋。

提问:"你想用什么方法整理剪纸屋?怎样整理能让阿诗更快地找到想要的'花布'?"

(2)幼儿根据颜色、形状为阿诗整理货架上的"花布"。

3. 幼儿分组进行"买花布"游戏,练习按形状、颜色两种特征分类摆放"花布",体验帮助别人的快乐。

(1)出示花布货架,分享帮助阿诗整理花布的方法。

提问:"你是怎样帮助阿诗的?阿诗会怎么说?"

(2)师幼分别扮演不同角色,进行"买花布"的游戏。

提问:"我要红色圆形的花布,怎么能快速找到?"

(3)幼儿分组游戏,巩固按形状、颜色两种特征进行分类的技能。

▶ 活动延伸

鼓励幼儿回家后与家长一起进行形状、颜色分类游戏,对家中的物品(如积木、玩具等)进行分类,加深对形状和颜色的认识。

附素材

图 3-15　不同形状剪纸及剪纸货架图

活动六 科学（实验）—— 奇妙的纸力量

活动意图

纸作为生活中的常见物品,蕴含着随处可见的科学元素,等待幼儿去探索和发现。《幼儿园教育指导纲要》指出:幼儿的科学活动应紧密联系幼儿的实际生活。教师应充分利用幼儿身边的事物与现象作为科学探索的对象,要让幼儿经常动手动脑探究物体和材料。本次活动采用挑战游戏的形式,使幼儿在情境中探索纸张强度与其接触面、厚度等条件之间的关系,使幼儿体验到协作探索的乐趣,感受奇妙的纸张力量的同时体验成功的乐趣。

活动目标

1. 认识各种纸制品,了解同样的纸改变形状后承重力是不一样的。

2. 愿意动手操作,对探索实验感兴趣,能大胆说出自己的猜测并清楚表达实验结果。

3. 通过与他人分享自己的想法和实验结果,提高团队合作精神,勇于尝试、敢于探索。

活动准备

1. 知识准备:幼儿对生活中的纸有初步的了解。

2. 物质准备:各种各样的纸与纸制品,积木、托盘若干,大桶水 8 瓶,课件。

3. 环境准备:适合进行实验探索的活动场地。

▶ 活动设计建议

1. 激趣导入，探索纸的特性，认识各种各样的纸和纸制品。

教师创设参观纸王国情境，引导幼儿观察："都有哪些纸？这是用什么做的？"

2. 通过操作、探索感知，了解纸的形状与承重力的关系。

（1）幼儿自主探索，不依靠其他材料的帮忙，怎样让纸自己站起来。小结：通过折一折，卷一卷的方法，改变了纸的形状，就可以让纸站起来了。

（2）幼儿动手尝试，怎样让纸片把积木举起来，能举起几块，哪个形状的纸举起的积木最多。

小结：小纸片变成圆柱状，支撑的面大了，力量也变大了，能顶起更多的积木。

（3）幼儿集体操作，挑战用多个圆柱状的纸承重。

3. 增加难度，纸绳提水，知道其他类型的纸改变形状后，也能增加承重能力。

（1）初步探索纸巾改变形状后，可以提起矿泉水。小结：通过拧一拧、折一折的方法，改变纸巾的形状后，可以提起水来。

（2）通过分组实验，比较折一折和拧一拧的纸巾，哪个提起的水更多，并记录在表格中。小结：纸巾拧一拧的方式提起来的水更多，拧得越紧，力气越大。无论是薄薄的卡纸，还是软软的纸巾，改变形状后都有着大大的承重力。

▶ 活动延伸

幼儿根据实验过程和结果，绘制科学记录表，内容包括实验目的、实验材料、实验步骤、实验结果和个人感受等。

附表格

表3-4　实验记录表

实验记录表	
▭▭▭▭	
◯◯◯◯	

活动七 健康（体育活动）——剪纸娃娃我来当

▶ 活动意图

《3～6岁儿童学习与发展指南》强调，幼儿阶段是儿童身体发育和机能发展极为迅速的时期。中班幼儿动作协调、灵敏性有所增强，但柔韧性仍需进一步提高。同时这个阶段的幼儿充满好奇心和想象力，应创造机会鼓励他们大胆创新。剪纸是我国民间传统艺术，其丰富多样的形状和纹样极具审美价值。本次活动将剪纸艺术与身体运动相结合，让幼儿根据剪纸的形状和纹样用身体摆出相应的造型，能充分激发幼儿的想象力，提高身体的柔韧性,培养他们对民间艺术的热爱,促进其身心的全面发展。

活动目标

1. 认识不同剪纸作品的形状和纹样,了解其基本特点。

2. 能够灵活、协调地根据剪纸的形状和纹样,用身体摆出相应的造型,提升身体柔韧性。

3. 体验体育活动与民间艺术融合带来的乐趣,增强对民间艺术的喜爱之情,增强民族自豪感和文化认同感。

活动准备

1. 经验准备:幼儿初步了解各种各样的剪纸纹样。

2. 物质准备:各种剪纸作品的图片或实物(动物、植物、人物等不同主题),音乐。

3. 环境准备:布置活动场地,标记小组位置的彩色地垫。

活动设计建议

1. 热身活动,播放音乐,激发幼儿参与活动的兴趣。

播放欢快的音乐,教师和幼儿一起跟随音乐的节奏做热身运动。

2. 出示各种各样的剪纸作品,引导幼儿进行操作,用身体摆出相应的造型。

(1)教师展示各种精美的剪纸作品,向幼儿介绍剪纸的形状和纹样,如圆形、三角形、锯齿纹、月牙纹等,引导幼儿观察和描述剪纸的特点。

(2)教师选择一个简单的剪纸作品,如一只蝴蝶,示范如何根据剪纸的形状和纹样用身体摆出相应的造型。

(3)幼儿分组,为每组幼儿发放一张不同的剪纸作品,如花朵、鸟、鱼等。小组成员共同观察讨论,鼓励其用身体摆出剪纸作品的造型。

(4)每组幼儿轮流展示自己摆出的剪纸造型。

教师激发幼儿的想象力,鼓励他们自己创造新的剪纸造型,并用身体表现出来。引导幼儿思考:"如果让你们自己设计剪纸,会是什么样子的呢?"幼儿重新自由组合,互相展示自己创造的造型,鼓励幼儿互相学习、互相欣赏。

3. 播放轻松的音乐,根据身体摆出的各种造型进行放松。

播放轻柔、舒缓的音乐,教师带领幼儿一起做放松运动。放松动作包括深呼吸、全身抖动、轻轻拍打腿部和手臂肌肉等,帮助幼儿放松身心,缓解疲劳。

活动延伸

在幼儿园或社区举办剪纸作品展,展示幼儿的剪纸作品和用身体摆出的剪纸造型照片,让幼儿感受自己的成就和进步,增强自信心。

附素材

游戏玩法:

1. 教师将幼儿分成若干小组,每组发放一张剪纸作品。

2. 小组成员共同讨论如何用身体摆出剪纸作品的形状和纹样。

3. 每个小组轮流展示自己的造型,其他小组的幼儿进行评价。

4. 教师可以根据幼儿的表现,评选出最佳创意组、最佳协作组等。

图 3-16　幼儿剪纸照片

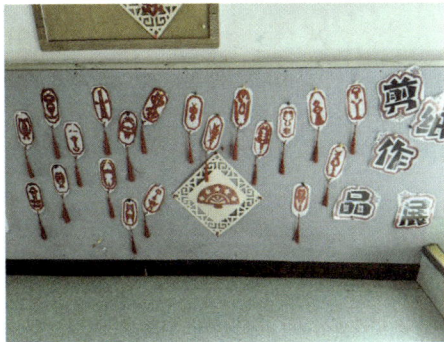

图 3-17　幼儿剪纸作品展

第三周　剪纸纹样巧设计

活动一　语言(表达)——《剪纸快乐呀》

▶ 活动意图

童谣因其形式活泼、节奏鲜明、富有情趣,深受小朋友的喜爱。《3~6岁儿童学习与发展指南》指出:引导幼儿接触优秀的儿童文学作品,使之感受语言的丰富和优美。《剪纸快乐呀》这首童谣描写了一位喜欢剪纸的小宝宝,用自己的小巧手装扮生活的同时也愉悦心情的小故事,既能够充分调动幼儿喜欢朗诵、乐于表达的愿望,又能够使幼儿从中感受到人们对剪纸艺术的喜爱,可以激发幼儿深入了解剪纸艺术、将传统文化传承下去的积极性。

▶ 活动目标

1. 理解童谣内容,知道小剪刀能剪出各种事物,给自己带来快乐。

2. 能清晰地朗诵童谣,感受童谣的韵律美,提高语言表达能力。

3. 欣赏剪纸的美,感受朗读的快乐,愿意与同伴一起愉快地朗诵,熏陶爱国主义情感。

▶ 活动准备

1. 经验准备:幼儿有欣赏剪纸作品的经验。

2. 物质准备:活动课件。

3. 环境准备:剪纸作品展。

▶ 活动设计建议

1. 出示剪纸作品,引起幼儿兴趣。

教师出示课件中的剪纸作品:"你在这些剪纸作品中都看到了什么?是谁剪出来的

呢？"请幼儿带着问题来欣赏童谣。

2. 教师有感情地朗诵童谣，幼儿完整欣赏，理解内容。

（1）教师完整地朗诵童谣，主要提问："宝宝在干什么？他都剪了什么图案？"

（2）教师结合课件再次朗诵童谣，与幼儿交流："宝宝剪了什么样子的梅花？剪的喜鹊在做什么？雪花什么样子？福字头朝哪里，这是为什么呢？胖娃娃为什么笑哈哈？宝宝为什么乐得哈哈笑？"

（3）教师引导幼儿思考并交流："你喜欢剪纸吗？为什么？剪纸的时候你的心情是怎样的？"

3. 鼓励幼儿尝试有感情地朗诵，感受童谣的韵律美。

▶ 活动延伸

幼儿在美术活动室进行剪纸。教师："小朋友们，小剪刀不仅可以剪出可爱的小动物，还可以剪出很多有趣的东西，让我们用小剪刀和五彩的剪纸，发挥想象，剪一剪我们幼儿园里更多美丽的风景吧！"

附童谣

剪纸快乐呀

小小剪刀咔嚓嚓，宝宝在家剪花忙。
剪出梅花五个瓣，剪只喜鹊叫喳喳。
剪出雪花漫天撒，剪个福字头朝下。
再剪一个胖娃娃，抱着鲤鱼笑哈哈。
奶奶问他乐个啥？他说剪纸快乐呀。

图 3-18　幼儿及其剪纸作品

活动二　社会（文化）——走进剪纸博物馆

▶ 活动意图

《3～6岁儿童学习与发展指南》指出：幼儿社会领域的学习与发展过程是其社会性不断完善并奠定健全人格基础的过程。对于大班幼儿来说，他们对周围的事物充满了好奇心和探索欲望。"走进剪纸博物馆"活动为幼儿提供一个直观、生动的学习环境，通过近距离观察各种精美的剪纸作品,了解剪纸艺术的发展和文化寓意,领略剪纸艺术的多元魅力,激发幼儿对民族文化的自豪感,培养社会交往能力、规则意识和团队合作精神,促进社会性的良好发展。

活动目标

1. 对传统文化剪纸有浓厚的兴趣,激发民族自豪感。

2. 了解剪纸艺术的发展历史和文化内涵,遵守参观的规则。

3. 观察不同风格和题材的剪纸作品,培养观察力和审美能力。

活动准备

1. 知识准备:联系剪纸博物馆,确定参观时间和行程;提前向幼儿介绍剪纸博物馆的基本情况和参观注意事项。

2. 物质准备:准备好幼儿的饮用水、小背包等物品,幼儿记录用的相机。

3. 环境准备:布置剪纸博物馆场景。

活动设计建议

1. 检查携带的物品及强调路途中的安全事项,做好出发前的准备。

(1)教师和幼儿一起检查携带的物品,如小背包、水壶、相机等并强调参观的注意事项,如紧跟队伍、不大声喧哗、不触摸展品等。

(2)乘坐交通工具前往剪纸博物馆,提醒幼儿注意乘车安全,系好安全带。

2. 参观剪纸博物馆,了解剪纸艺术的发展史,感受剪纸艺术的独特魅力。

(1)参观剪纸博物馆。教师介绍博物馆的布局和参观路线,带领幼儿依次参观各个展厅,欣赏不同年代、不同地区的剪纸作品。引导幼儿观察剪纸作品的图案、色彩、造型等特点。

(2)邀请博物馆工作人员为幼儿讲解剪纸的历史渊源、制作工艺和文化寓意,让幼儿更深入地了解剪纸艺术。

(3)互动体验。幼儿参与简单的剪纸体验活动,如折叠、剪裁等。鼓励幼儿相互交流和分享自己的剪纸作品,让幼儿亲身体验剪纸的乐趣。

3. 回顾分享参观感受,激发幼儿对传统文化的热爱之情。

(1)总结回顾。教师和幼儿一起回顾参观的过程,帮助幼儿梳理参观内容,引导幼儿表达对剪纸艺术的感受和喜爱。

(2)教师和幼儿一起整理好物品,乘坐交通工具返回幼儿园。

活动延伸

家园共育:引导幼儿将参观的内容和家长进行分享,一起回顾参观的过程并进行记录。

附图片

图 3-19　青岛天后宫

活动三　科学（探究）——剪纸分类多

活动意图

剪纸世界精彩纷呈，不同类型的剪纸所传承的视觉形象和造型格式，蕴含着丰富的文化信息。《3～6岁儿童学习与发展指南》中指出：4～5岁的幼儿喜欢接触新事物，经常问一些与新事物有关的问题。随着对剪纸作品了解的加深，幼儿会主动观察不同剪纸作品的相同与不同之处。因此，本次活动在集体讨论、观察、比较中帮助幼儿掌握不同类型的剪纸作品，了解不同类型剪纸艺术的表现形式，感受民俗剪纸技法的复杂多样。

活动目标

1. 掌握不同类型的剪纸，了解不同类型剪纸的表现形式。

2. 能对不同类型的剪纸作品进行分类，大胆表达它们的相同与不同之处。

3. 了解剪纸在人们生活中的多种用途，感受民俗剪纸技法的复杂多样，激发对民间艺术的尊重和热爱。

活动准备

1. 知识准备：幼儿见过单色剪纸、彩色剪纸的作品。

2. 物质准备：多媒体课件、剪纸材料、工具、单色剪纸若干张、彩色剪纸、立体剪纸若干张。

3. 环境准备：适合进行操作探索的活动场地。

活动设计建议

1. 作品导入，初步认识剪纸的不同分类。

屏幕出示单色与多色的不同剪纸作品，教师提问："明明是个剪纸收藏家，你瞧他的百宝箱里都有什么样的剪纸呀？明明想把这些剪纸作品分类放好，但是他不知道怎样分类，你能帮帮他吗？"（教师引导幼儿按照剪纸的颜色进行分类）

2. 幼儿通过观察、比较判断剪纸的不同样式，教师帮助幼儿认识不同剪纸类型。

（1）教师带领幼儿感知单色剪纸的表现形式。

教师出示单色剪纸图片提问:"你瞧这些剪纸有什么特点?都是由几种颜色组成的?"

小结:单色剪纸是剪纸中最基本的形式,由红色、绿色、褐色、黑色、金色等各种单一颜色纸张剪成,主要用于窗花装饰和刺绣的底样。

(2)教师带领幼儿感知双色剪纸的表现形式。

① 教师出示彩色剪纸图片提问:"你瞧这些剪纸有什么特点?都是由几种颜色组成的?"

② 教师分别出示点染剪纸、套色剪纸、分色剪纸、填色剪纸等剪纸作品,引导幼儿进行观察。

小结:彩色剪纸是由不同色彩经过不同的制作工艺完成的,各种表现形式有自己的特色和独到之处。点染剪纸滋润、装饰性强;套色剪纸脆利、色块鲜亮;分色剪纸分色截然、色感丰富;填色剪纸则单纯、洁净、鲜明……均给人不同的感受。

(3)教师带领幼儿感知立体剪纸的表现形式。

教师出示立体剪纸图片提问:"你瞧这些剪纸有什么特点?"

小结:立体剪纸既可是单色的,也可是彩色的。它是采用了绘画、剪刻、折叠、黏合等手法产生的一种近于雕塑、浮雕的新型剪纸,使剪纸由平面化变为立体化。

3. 幼儿进行小组操作,按照单色、彩色、立体剪纸的类型进行分类。

教师创设情境邀请幼儿帮助明明进行剪纸分类,幼儿共分成 3 组,进行分类游戏。

▶ **活动延伸**

鼓励幼儿继续观察和收集不同类型的剪纸作品,带到班级与伙伴分享交流。

附图片

图 3-20 幼儿及其剪纸作品

活动四 艺术(舞蹈)—— **剪花的小娃娃**

▶ **活动意图**

《幼儿园教育指导纲要》指出:喜欢参加艺术活动,并能大胆地表现自己的情感和体验。能用自己喜欢的方式进行艺术表现活动。要求在支持、鼓励幼儿积极参加各种艺术活动的同时,帮助他们提高表现的技能和能力。因此本次韵律活动"剪花的小娃娃"就是在歌谣《剪纸歌》的基础上根据歌词创编动作,旨在让幼儿能够合拍地随着音乐做身体动作,尝试自编动作,积极参加韵律活动。中班幼儿愿意参加歌唱、韵律、舞蹈、表演等活动。在感受音乐带来乐趣的同时,幼儿用动作更好地表达对音乐的感觉,从而激发热爱剪纸艺术的美好情感。

▶ 活动目标

1. 能够按照歌词内容随音乐做动作,在舞蹈表演的过程逐步萌发审美情趣。
2. 欣赏歌谣《剪纸歌》,感受音乐的欢快旋律,大胆创编动作进行情感表达。
3. 萌发对民间剪纸艺术的兴趣和喜爱,增强对传统文化的尊重与珍视。

▶ 活动准备

1. 知识准备:音乐区和空闲时间经常播放歌曲,帮助幼儿熟悉音乐旋律、歌词等内容。
2. 物质准备:视频、图谱、多媒体课件等。
3. 环境准备:适合表演的活动场地。

▶ 活动设计建议

1. 谈话导入,激发幼儿参与活动的兴趣。

教师提问:"你们喜欢剪纸吗?剪纸需要用什么工具?你都剪过什么样的剪纸?"

2. 播放歌谣,引导幼儿倾听观察,理解旋律内容。

(1)教师播放歌谣引导幼儿倾听并提问:"有一个小姑娘叫娇娇,她也特别喜欢剪纸,让我们听听她都剪了什么吧。在歌曲里你们都听到了什么?"

(2)教师加上动作完整表演歌谣并提问:"老师跳舞的时候做了什么动作?"

(3)引导幼儿用动作来表现歌词内容。

3 师幼共同表演歌谣,引导幼儿尝试自编动作,进行创造性的表达。

(1)教师和幼儿一起完整地表演歌谣。

(2)教师引导幼儿自编动作:"小娇娇想看小朋友们自己创编的舞蹈,小朋友们想一想我们可以怎么跳呢?"

▶ 活动延伸

幼儿回家后给爸爸妈妈跳《剪纸歌》的舞蹈。

附歌谣

剪纸歌

小娇娇,手儿巧。

拿剪刀,铰呀铰。

铰只狗,铰只猫,

铰麻雀,喳喳叫。

图 3-21 幼儿演唱视频二维码 图 3-22 《剪纸歌》相关剪纸作品

活动五 艺术(手工)——我设计的剪纸用品

◆ 活动意图

剪纸作为中国民间艺术的瑰宝,蕴含着深厚的文化底蕴和独特的艺术魅力。本次活动旨在让幼儿亲身体验并感受剪纸艺术的魅力,激发他们对中华传统文化的兴趣与自豪感。《3～6岁儿童学习与发展指南》指出:创造机会和条件,支持幼儿自发的艺术表现和创造。此次活动,鼓励幼儿根据自己的想象和生活经验,设计并制作个性化的剪纸用品,如窗花、挂饰、书签等,能够极大地激发幼儿的创造力和想象力,让他们在动手实践中发挥无限可能,激发幼儿对剪纸艺术的兴趣和热情。

◆ 活动目标

1. 了解剪纸的基本技巧,如对折、剪刻等,能够设计并制作简单的剪纸用品。

2. 愿意分享自己的作品,体验成功的喜悦和创作的乐趣。

3. 产生对传统文化的兴趣与热爱,体验创作的乐趣和成就感,增强民族自信心。

◆ 活动准备

1. 经验准备:幼儿有使用剪刀的经验。

2. 物质准备:彩色卡纸、剪刀、铅笔、橡皮、尺子、固体胶、彩色笔、展示板,PPT 展示剪纸的历史、基本步骤及不同样式的剪纸用品图片。

3. 环境准备:教室一角设置"剪纸小天地",展示各种剪纸作品,营造浓厚的艺术氛围。

◆ 活动设计建议

1. 讲述故事,引起幼儿兴趣。

教师讲述《剪纸的故事》,激发幼儿兴趣,提问:"你在故事里听到小梅把剪纸运用到哪里了?"

2. 出示多种精美的剪纸作品,引导幼儿发现剪纸基本技巧。

(1)教师用 PPT 展示多种精美的剪纸作品,特别是与日常生活相关的用品,如窗花、灯笼、花瓶等,引导幼儿观察其形状、图案,提问:"你都看到了哪些作品?它们有什么图案?"

(2)基本技巧。

对折:展示如何将卡纸对折,讲解对折方式影响剪纸形状的原理。设计图案:在对折好的卡纸上用铅笔轻轻勾勒出想要剪的图案轮廓。剪刻:沿着轮廓线仔细剪刻,注意手部安全。展开:轻轻展开卡纸,欣赏完成的剪纸作品。

3. 鼓励幼儿尝试设计剪纸作品,幼儿动手创作并展示。

(1)分组讨论:鼓励幼儿分小组讨论,设计自己想要制作的剪纸用品,比如窗花、书签、挂饰等。

(2)动手制作:幼儿根据草图,使用剪刀、卡纸等材料进行创作。教师提醒幼儿注意使用剪刀的安全,鼓励幼儿大胆尝试,勇于创新。

(3)作品展示:幼儿将自己的剪纸作品粘贴在展示板上,轮流上前介绍自己的设计思路和创作过程。引导幼儿相互欣赏作品,说说喜欢哪一件,为什么喜欢,并给出改进的建议。

▶ 活动延伸

举办"剪纸小天地"剪纸作品展览,让幼儿展示自己的作品,增强成就感和自信心。

附故事

剪纸的故事

在古代的一个宁静村庄里,每逢佳节,家家户户都沉浸在一片欢乐与忙碌之中。这不仅仅是因为节日的到来,更是因为他们有着一项独特的传统——用剪纸装饰窗户,来庆祝并祈福。

故事的主角是一位名叫小梅的少女,她自小便对剪纸艺术充满了热爱。每当夜幕降临,月光透过稀疏的云层洒落在小院的石桌上,小梅便会在母亲温柔的指导下,拿起剪刀和红纸,开始她的创作。

她灵巧的手指在红纸上跳跃,宛如舞动的精灵,不一会儿,一幅幅栩栩如生的图案便跃然纸上。有寓意吉祥的莲花与鱼,象征幸福安康的喜鹊登梅,还有寄托丰收愿望的稻穗与果实……每一幅剪纸都蕴含着深深的祝福与期盼。

每逢节日前夕,小梅与村里的人们一起,将这些精美的剪纸作品贴在窗户上。随着第一缕晨光穿透云层,照耀在这片被剪纸装点的土地上,整个村庄仿佛披上了一层神秘而喜庆的面纱。村民们纷纷走出家门,相互欣赏着彼此的作品,脸上洋溢着幸福与满足的笑容。

节日当天,村里还会举行盛大的庆祝活动。人们穿着节日的盛装,载歌载舞,欢声笑语充满了每一个角落。而小梅的剪纸作品更是成了大家关注的焦点,许多人都被她的才华所折服,纷纷向她请教剪纸的技巧与心得。

小梅深知自己的剪纸不仅仅是一种装饰,更是一种文化的传承与表达。她希望通过自己的努力,让更多的人了解并喜爱上这种美丽的艺术。于是,她开始更加勤奋地创作与学习,不断推陈出新,将剪纸艺术发扬光大。

年复一年,小梅的剪纸作品如同她那颗热爱生活的心一样,永远地留在了人们的记忆中。而那个关于古代人们用剪纸装饰窗户、庆祝节日的故事,也如同一曲悠扬的旋律,在岁月的长河中缓缓流淌,传颂不衰。

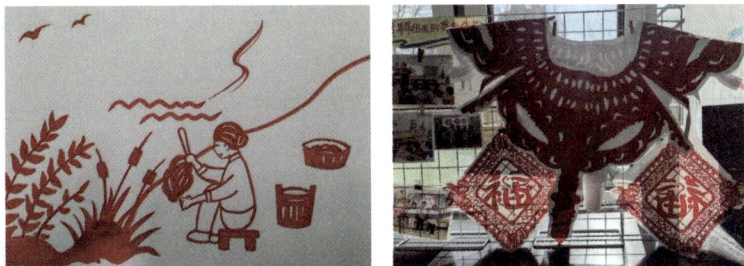

图 3-23　生活中的剪纸艺术作品

活动六　科学(形)—— 对称的剪纸

活动意图

对称是一种基本的图形变化,是指图形或物体在特定环境下保持形状、大小和排序一致的特性。日常生活中对称的物体和现象非常普遍,尤其在剪纸活动中,幼儿通过对折剪的形式对对称图形已经形成了初步的认识,而且剪纸作品左右两边的图形、大小、花纹、颜色完全一样,这样的特性能够激发幼儿浓厚的探索兴趣。本次活动,幼儿通过观察、描述、动手实践等环节来掌握对称概念的同时,使幼儿在学中玩,玩中学,变被动为主动,体验成功的快乐。

活动目标

1. 认识轴对称图形,以部分图形为依据判断出整体图形,加深对对称概念的理解。

2. 能运用对折的方法剪出对称图形,初步学习简单的镂空方法,将蝴蝶身上的花纹进行镂空处理。

3. 感受剪纸图案的对称性,感受生活中的对称美,激发自信心和成就感。

活动准备

1. 知识准备:幼儿有对折剪纸的经验。

2. 物质准备:多媒体课件,"找对称"操作纸、"对称的剪纸"操作纸、笔、彩色纸、剪刀。

3. 环境准备:在教室里布置活动主题展示墙。

活动设计建议

1. 游戏情境导入,激发幼儿参与活动的兴趣。

出示图片"拯救小鸡",导入情境,激发兴趣。提问:"鸡妈妈遇到了老鹰,抓走一只小鸡,她想寻求小朋友的帮助。你们愿意帮忙把小鸡拯救回来吗?"

2. 寻找图形的另一半,引导幼儿通过闯关游戏认识轴对称图形。

(1)出示一半的五角星图形,引导幼儿找出五角星的另一半,初步感知轴对称。小结:图中的虚线是五角星的中心线,五角星左右两边的大小和形状是一样的。

（2）出示图片"一半的蝴蝶"，请幼儿找出蝴蝶的另一半翅膀，把蝴蝶们复原。展示修复好的蝴蝶翅膀，并鼓励幼儿说明配对理由。小结：这三只蝴蝶的以身体为中心线，它们左右两边的大小、颜色、形状和花纹完全相同，只是方向相反，我们把这种形式叫作轴对称，中间的这条线叫对称轴。

3. 分发"找对称"操作纸，引导幼儿找出对称的图形。

（1）请幼儿在"找对称"操作纸上给对称的物品打上"√"，给不对称的物品打上"×"。

（2）投放彩色纸和剪刀，引导幼儿思考如何用纸张剪出对称的图形并尝试动手剪。

▶ **活动延伸**

让幼儿多观察周围环境中具有对称特征的物品，并向家人介绍对称的概念。

附素材

图 3-24 "找对称"操作纸　　图 3-25 如何剪出对称图形

活动七 健康（体育活动）—— 剪纸拼图接力赛

▶ **活动意图**

《3～6岁儿童学习与发展指南》中明确指出，4～5岁的幼儿应能在较窄的低矮物体上平稳地走一段距离，能以匍匐、膝盖悬空等多种方式钻爬，能助跑跨跳过一定距离，或助跑跨跳过一定高度的物体。本次活动结合了剪纸艺术和接力竞赛的形式，旨在通过手持剪纸拼图块奔跑、跨越障碍物到达终点进行拼图的过程，锻炼幼儿的奔跑能力、身体协调性、平衡能力以及空间认知能力。此外，以小组为单位的接力竞赛方式能够培养幼儿的团队合作精神和竞争意识，让幼儿在充满趣味和挑战的活动中获得全面发展。

▶ **活动目标**

1. 了解接力赛的规则和剪纸拼图的基本方法。

2. 熟练掌握助跑跨跳的基本动作要领，能够准确观察剪纸拼图的形状和特征，快速、正确地完成拼接。

3. 体验与同伴共同完成任务的快乐和成就感，懂得在集体活动中相互协作、相互支持的重要性，感受剪纸艺术的美。

▶ **活动准备**

1. 经验准备：幼儿有拼图的经验，了解中国传统的剪纸纹样。

2. 物质准备：事先制作好若干套色彩鲜艳、图案丰富的传统纹样剪纸拼图，每套拼图由 5～6 块（根据小组人数确定）组成。每组准备一个收纳盒，用于存放剪纸拼图块。

3. 环境准备：设置起点和终点，一般为 30 米，两者之间设置宽度为 40 厘米的障碍物，终点处设置专门的拼图区域。

▶ **活动设计建议**

1. 热身活动，出示剪纸纹样，激发幼儿参与活动的兴趣。

（1）播放音乐，进行热身运动，重点练习跨跳的动作要领。

（2）教师介绍本次活动的主要内容，激发幼儿的兴趣和参与积极性。

2. 教师介绍游戏玩法和规则，幼儿掌握助跑跨跳的基本动作要领，幼儿进行游戏。

（1）教师根据幼儿数量分组并介绍游戏玩法和规则。幼儿自由练习跨过障碍物，教师指导，引导幼儿用助跑跨跳的方法跳过障碍。

（2）幼儿进行剪纸拼图接力赛，教师指导。

期间教师要密切关注幼儿的动作和安全，鼓励幼儿勇敢地跨越障碍物，快速、准确地完成拼图。

3. 认识了解剪纸拼图纹样，根据音乐做放松活动。

表扬幼儿在活动中的积极表现，如勇敢地跨越障碍物、快速奔跑、准确拼图等，并认识拼出的各种剪纸纹样。

教师带领幼儿一起进行放松运动，帮助幼儿缓解身体的疲劳，放松心情。

▶ **活动延伸**

在体育区投放更多与剪纸元素相关的体育器材或游戏道具，如剪纸图案的沙包、毽子等，鼓励幼儿自主开展体育活动。

附游戏玩法

1. 每组幼儿按照事先排好的顺序依次站在起点处，等待比赛开始。

2. 比赛开始后，每组的第一个幼儿迅速拿起收纳盒中的一块剪纸拼图，跨过设置在起点和终点之间的宽度为 40 厘米的障碍物（根据幼儿的能力进行调整），跑向终点。

3. 到达终点后，幼儿须将手中的剪纸拼图块与终点处已有的拼图块进行拼接。拼接时要注意图案的匹配和方向的正确。

4. 完成拼图放置后，幼儿立即转身跑回起点，与下一个等待的幼儿击掌，完成接力。

5. 下一个幼儿重复第一个幼儿的动作，继续进行剪纸拼图的接力。

6. 如此依次进行，直到小组内的所有幼儿都完成了接力，并成功拼接出完整、正确的剪纸拼图。

图 3-26　完整剪纸作品图

小班教育活动设计"美丽的窗花"

第 四 章

主题活动价值

纸的多变和有趣,能够激发幼儿的创造力和想象力。而剪窗花,作为中国民间传统艺术之一,以其独特的造型、丰富的图案和鲜明的色彩,展现了中华民族深厚的文化底蕴和艺术创造力。当童趣满满的"玩纸"与"剪窗花"这一传统文化活动相遇时,不仅能在幼儿的心中播种下创造与想象的种子,更能够激发幼儿对传统文化的初步感知和喜爱。

充满趣味性、情境性的游戏能充分调动小班幼儿参与的积极性。在小班幼儿的世界里,每一片纸都蕴含着无限的可能与惊喜,这一看似简单却蕴含无限可能的材料,不仅仅是书写和绘画的媒介,更是他们探索与创造的伙伴,幼儿在触摸、折叠、撕剪中能够感受纸的特性以及体验与纸做游戏的快乐。而红红的窗花,不仅可以装饰环境,还能营造出一种喜庆、吉祥的热闹氛围,同时将窗花送给家人朋友,也是幼儿传递祝福、表达情感的一种方式。

本主题活动围绕"一起玩纸吧",通过找一找、摸一摸、试一试、玩一玩、剪一剪等活动,让幼儿初步发现生活中的常见纸、了解纸的基本特性、学习简单的剪纸技巧;通过"巧手剪窗花"发现窗花上的颜色、图案,如"年年有余""福字当头"等,感受窗花的美好祝福,初步了解和喜爱剪纸这一中华优秀传统文化。而且,幼儿在互相赠送窗花、贴窗花的过程中,体验与人交往的快乐。幼儿与纸共乐、与窗花相伴的时光,会是一段温馨而美好的课程记忆。

主题活动目标

1. 情感与态度目标:感受纸的有趣和多样,体验与纸做游戏的快乐。喜欢剪纸这一中国传统艺术形式,初步感受中华优秀传统文化就在自己的身边。

2. 知识与能力目标：在撕一撕、折一折、贴一贴、剪一剪等有趣的活动中初步了解纸的特性，发现纸与自身的生活息息相关。能安全使用小剪刀，制作自己喜欢的作品，并用自己的作品装扮活动室。

3. 技能目标：用剪刀沿直线剪，边线基本吻合，锻炼手部精细动作，提高灵活协调性。

4. 转化与发展目标：在感知窗花基本特点的基础上，运用撕贴、涂色、滴染等多种形式，创意制作窗花，赋予窗花新的表现形式。

主题活动预设

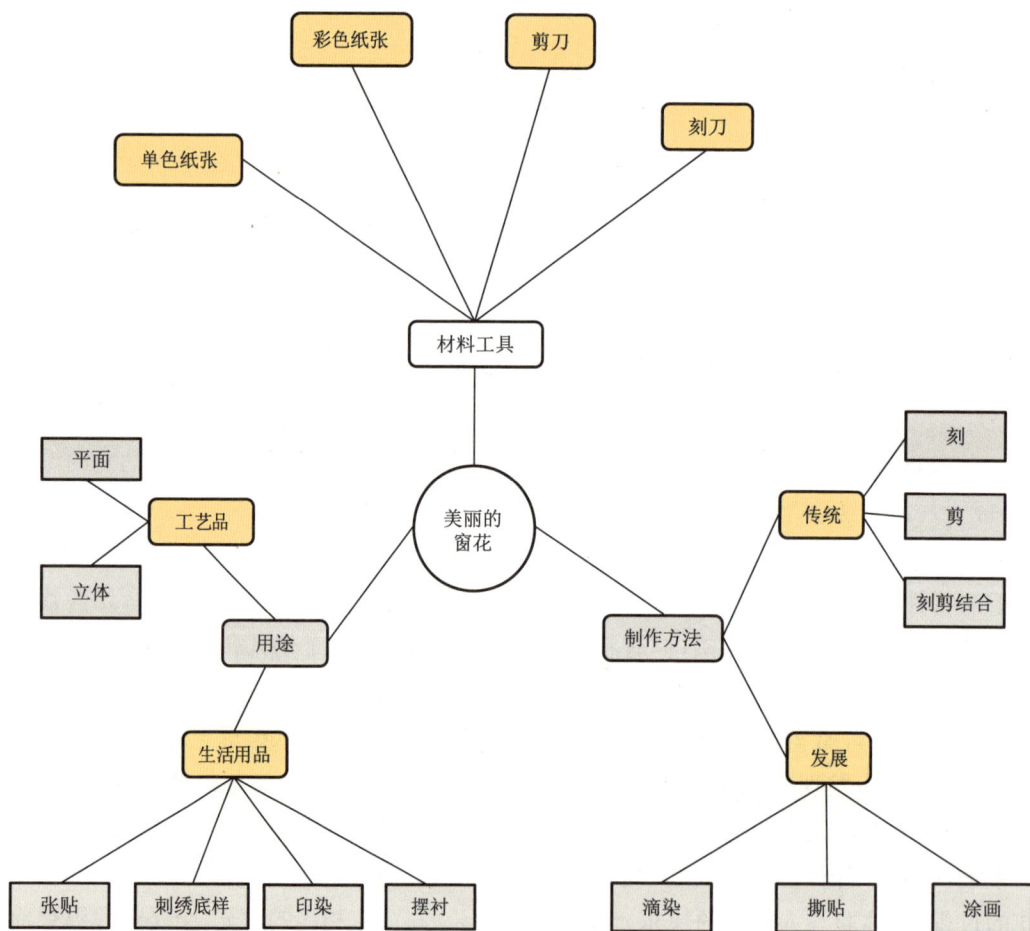

图 4-1　主题活动预设图

主题活动范围

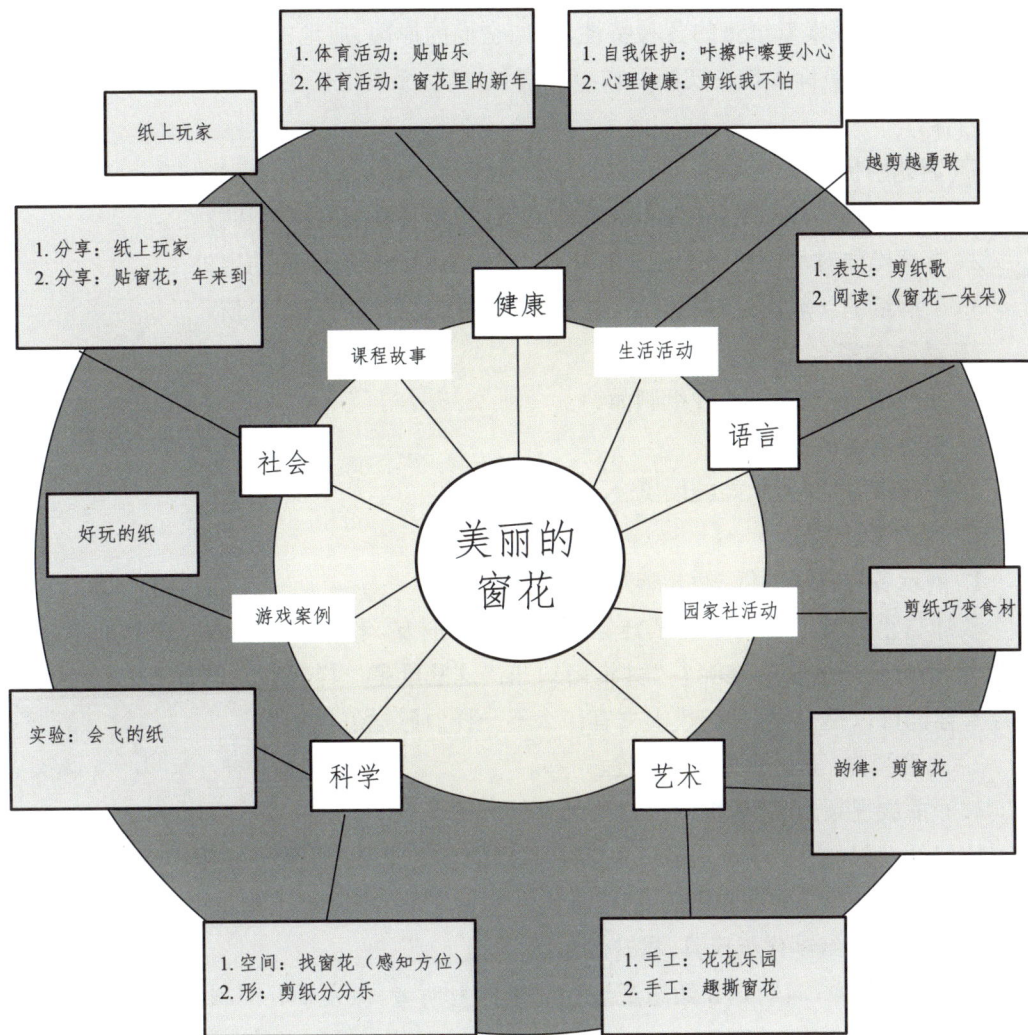

图 4-2 主题活动范围图

主题活动设计

第一周 一起玩纸吧

活动一 社会（分享）——纸上玩家

活动意图

纸在生活中十分常见,贴近幼儿的生活。对于幼儿而言,纸张不是一个简单的物质存在,也不单只有实用性和趣味性,它还承载着无限的教育潜力。《3～6岁儿童学习与发展指南》中指出:幼儿能运用各种感官,动手动脑,探究问题。本活动通过日常观察和亲手操作,幼儿探索着纸张的各种特性,比如它们的厚薄、质地的粗糙与光滑。为此,本活动旨在让幼儿更深入地在实际操作中观察和发现,激发他们生成更有创意和有意义的活动内容。

❶ 活动目标

1. 认识各种各样的纸,感知不同质地的纸,初步了解纸的种类和特性。
2. 尝试操作对不同质地的纸进行比较,感知不同的纸有不同的用处。
3. 了解纸的一般用途,在传统文化熏陶下养成爱惜纸的良好习惯。

❷ 活动准备

1. 经验准备:观察过各种纸制品。
2. 物质准备:各类纸。
3. 环境准备:布置纸娃娃展览会。

❸ 活动设计建议

1. 展示各种各样的纸,幼儿感知不同质地的纸。

教师与小朋友们一同参加纸娃娃展览会:"小朋友,老师今天带你们去参加纸娃娃展览会,请你们看看都有谁呢?"并询问幼儿:"这些纸是一样吗?它们看上去有什么不一样?你们可以摸一摸,它们摸上去有什么不一样?感觉怎样?"

2. 观看视频,了解纸的多样用途。

教师播放视频,观看后提问:"这些纸有什么用?"

拓展幼儿经验,引导幼儿回忆生活中遇到的各种纸制品,激发好奇心,讨论生活中还有哪些地方见过这些纸和纸制品。

3. 用好玩的纸制作纸玩具,提升经验。

(1)观看录像,向幼儿介绍造纸过程与纸的发明者,激发幼儿对科学的兴趣和对科学家的崇敬之情。

(2)教师提供多种纸制玩具,例如纸棒、纸球、报纸等,指导幼儿利用折、撕、粘等方法自制独特的帽子,从而提升他们的动手能力。

(3)鼓励幼儿爱惜纸和图书,节约用纸。教师强调节约用纸的重要性,教育幼儿珍惜每一张纸,爱护图书。

❹ 活动延伸

创设区角"纸张超市",幼儿将收集来的各种纸材料,按照游戏需要,进行自主选材,通过装饰、组合、拼搭等加工,让材料变成幼儿游戏的媒介。

附素材

图 4-3 不同类型的纸

活动二 语言(表达)——《剪纸歌》

活动意图

对于幼儿来说,童谣的文字浅显易懂,押韵和节奏感强的特点使得幼儿能够轻松地跟随并重复。《3～6岁儿童学习与发展指南》指出,为幼儿提供想说、敢说、喜欢说的环境,培养幼儿语言表达能力。本活动中幼儿在不知不觉中提高听觉敏感度,也初步开始理解什么是剪纸,逐渐愿意尝试新事物。幼儿在自由表达的过程中,促进自信心的发展,大胆展现自己,也激发了他们对剪纸的探索和创造力的培养。

活动目标

1. 理解童谣内容,感受童谣的韵律美。

2. 能清晰响亮、有节奏地朗诵童谣,并尝试将诗歌进行仿编。

3. 感受剪纸的乐趣,愿意尝试剪纸。

活动准备

1. 经验准备:幼儿欣赏相关剪纸作品。

2. 物质准备:活动课件。

3. 环境准备:邀请大班幼儿进行剪纸表演。

活动设计建议

1. 出示大班幼儿的剪纸表演视频,引起幼儿兴趣。

视频中的大班幼儿不仅展示了如何剪切,还通过他们的表情和动作传达了对剪纸的乐趣:"视频中的哥哥、姐姐在干什么?他们是怎么剪的?剪的是什么?"

2. 教师有感情地朗诵童谣,幼儿初步学习童谣,感受剪纸活动的乐趣。

(1)欣赏童谣,理解童谣内容。

(2)学习朗诵童谣,感受剪纸活动的乐趣。教师引导幼儿思考并交流:是谁在剪纸?小剪刀都剪出什么好玩的东西呢?

3. 鼓励幼儿尝试有感情地朗诵,感受童谣的韵律美。

(1)幼儿朗诵童谣。

(2)幼儿进行简单的仿编,体验仿编创造的乐趣。

▶ **活动延伸**

邀请家长参与,家园共育。家庭组织体验活动,让幼儿亲身体验剪纸带来的收获与快乐,并鼓励幼儿将所见所闻用诗歌的形式表达出来,增进亲子间的交流和合作。

附童谣

剪纸歌

哥哥姐姐手儿巧,拿把剪刀剪呀剪。

剪只狗,剪只猫,剪只麻雀喳喳叫。

活动三 健康(自我保护)——咔嚓咔嚓要小心

▶ **活动意图**

剪刀,作为日常生活中必不可少的工具,也是幼儿园一日活动中常用的工具。通过使用剪刀,幼儿不仅可以锻炼手部肌肉,提高精细动作的能力,还能加强手眼大脑的协调性,培养专注力。《3~6岁儿童学习与发展指南》强调了为幼儿提供使用剪刀的机会的重要性,并应指导他们如何正确使用,用完之后要妥善放置,以保障活动的安全。本节活动,目的是让幼儿探索剪刀的奥秘,同时培养他们安全使用剪刀的好习惯。

▶ **活动目标**

1. 观察比较生活中常见的剪刀,了解它们的不同特点和用途。

2. 能用较清楚的语言讲述自己的观察和发现。

3. 乐意探索剪刀与人们生活的关系,感受剪刀带来的方便。

▶ **活动准备**

1. 经验准备:了解过剪刀。

2. 物质准备:各种各样的剪刀、活动课件。

3. 环境准备:布置操作环境。

▶ **活动设计建议**

1. 视频出示摸摸袋,激发幼儿兴趣。

(1)教师出示摸摸袋图片:"今天我带来了一个神秘的袋子,猜猜袋子里可能是什么?"

(2)剪刀娃娃变魔术,幼儿了解剪刀的用途。

出示剪刀:"小朋友们,你用剪刀做过什么事情?"

我们在生活中常常要用到剪刀,剪刀帮我们做了许多事情,它的本领真大!

2. 出示各种各样的剪刀,幼儿认识生活中的剪刀。

(1)出示园林剪刀并提问:"你们看见过这种剪刀吗?它有什么特别的地方?猜猜它是剪什么的?有什么用?""原来,正是这把剪刀赋予了花草树木更优美的形态,增添了城市的风采。"

（2）出示管子剪刀并提问："这种剪刀看到过吗？它有什么特别的地方？你知道它是剪什么的？""原来，它是一把专为圆形管材设计的剪刀。有了它，原本烦琐的切割工作变得轻而易举。这些剪刀给我们生活带来的很大的方便，但在使用剪刀的时候我们还是要注意安全，特别是我们小朋友，因为剪刀是一种很锋利的工具。"

（3）出示理发剪刀并提问："这是什么剪刀，你们在哪里看见过？它长得有什么特别的地方吗？这样的设计使得头发能够更加顺滑地被打理，剪裁后更加整齐。那么，究竟是谁会使用这样一把特别的剪刀呢？"

3. 教师引导幼儿交流讨论，加强小朋友的安全意识。

（1）教师出示图片，鼓励幼儿仔细观察。

看完图片提问："你能看出图中的小朋友在忙什么吗？他们的行为恰当吗？接下来发生了些什么？为什么会有小朋友哭泣呢？"

（2）教师引导幼儿展开讨论："我们在生活中要怎样避免受伤呢？"通过提问的方式帮助孩子们记住日常生活中需要注意的安全问题。

（3）当我们要做手工的时候，我们应该怎么使用剪刀？在家做手工剪纸的时候应该怎么做？剪刀很危险，我们能不能把小刀当玩具玩呢？

▶ 活动延伸

在生活活动中注重培养幼儿良好习惯的养成，引导幼儿在剪纸活动结束后主动收拾纸屑，保持室内的卫生。

附图片

图 4-4　各类剪刀

活动四　**科学（空间）——找窗花（感知方位）**

▶ 活动意图

空间感知对于幼儿的日常生活至关重要，精准地理解物体的空间位置和方向是培养幼儿空间认知能力的关键。《3～6岁儿童学习和发展指南》指出，幼儿的思维特点是以具体形象思维为主，应注重引导幼儿通过直接感知、亲身体验和实际操作进行科学学习。本次活动将利用多媒体，将幼儿置身于一个不断变化的场景中，引导幼儿学会辨识和描述上面、下面等概念。在感知空间方位相对性的同时，还能让幼儿在参与数学游戏中感受到学习的乐趣。

活动目标

1. 区分以某一物体为中心的上面、下面、前面、后面。

2. 尝试用准确的语言表述剪纸宝宝捉迷藏所在的空间方位。

3. 积极参与捉迷藏游戏，感受方位游戏的快乐。

活动准备

1. 经验准备：对空间感知有一定经验。

2. 物质准备：相关场景图、活动课件、剪刀等。

3. 环境准备：布置活动场地。

活动设计建议

1. 利用游戏剪刀在哪里，引发幼儿找剪刀的兴趣。

教师根据幼儿的描述了解幼儿已经掌握的方位，并引出上面、下面的方位词。

2. 通过场景图片，找出剪纸宝宝躲藏的位置，感知不同的空间方位。

（1）切换至场景图1，提问："小朋友们，剪纸宝宝很调皮，跟小朋友们玩起了捉迷藏的游戏，你们愿意加入游戏，帮我们找到剪纸宝宝吗？"

（2）切换至场景图2，提问："找剪纸宝宝之前需要什么神奇的工具呢？"

（3）切换至场景图3，提问："第一只剪纸宝宝藏在哪里，请小朋友们说一说。第二只呢？第三只呢？"

（4）切换至场景图4，教师总结剪纸宝宝藏的地方，巩固上下、前后方位词。

3. 玩捉迷藏游戏，学用方位词描述剪纸小动物所在的空间方位。

（1）切换至场景图5，提问："剪纸小动物们也想玩捉迷藏的游戏，我们看看都有哪些小动物？"

（2）切换至森林乐园图片，请小朋友们找到小动物们并进行描述。

活动延伸

引导幼儿在户外游戏中玩捉迷藏的游戏，用准确的语言表述同伴捉迷藏所在的空间方位，感知捉迷藏带来的乐趣，并在游戏中提升与小伙伴交往互动的社交技能。

图4-5 "找窗花"游戏图

活动五 健康（体育活动）——贴贴乐

活动意图

报纸作为生活中常见且易于获取的材料,为幼儿提供了丰富的探索和游戏可能性。《3～6岁儿童学习与发展指南》中明确指出,幼儿阶段是儿童身体发育和机能发展极为迅速的时期,发育良好的身体、强健的体质、协调的动作是幼儿身心健康的重要标志。本次活动以报纸为主要道具,旨在通过幼儿与报纸的互动,激发他们对体育活动的兴趣,培养其积极主动、认真专注、敢于探索和尝试等良好的学习品质。

活动目标

1. 掌握快速跑的动作要领,在跑的过程中能够自由躲闪。
2. 尝试用多种方式玩报纸,锻炼跑、跳等基本动作。
3. 积极参与报纸游戏,体验报纸带来的乐趣。

活动准备

1. 经验准备:有在户外利用报纸玩的经验、玩各种跑的游戏的经验。
2. 物质准备:报纸若干,动感和轻松音乐各一首。
3. 环境准备:活动场地。

活动设计建议

1. 运用报纸进行热身活动,激发幼儿参与活动的兴趣。

（1）音乐开始,幼儿围着报纸圈绕圆圈跑,音乐停,幼儿坐在报纸上,没有坐在报纸上的小朋友接受运动的大挑战,如高抬腿跑、双脚向上纵跳、全蹲起。

（2）根据报纸的间隔,进行双脚跳、单脚跳的练习。

2. 一起来玩报纸,了解报纸的基本玩法。

（1）自由探索报纸的玩法。教师将报纸发给幼儿,鼓励幼儿自由探索报纸的玩法。提醒幼儿注意安全,避免碰撞。

请幼儿展示自己的玩法,并介绍自己是怎么玩的,教师总结。

（2）探索活动:不让报纸掉下来。

请把报纸放在身体的任意一个地方,不让报纸掉下来,但是又不能用手帮助。"跑起来,看看谁的报纸不掉下来？"

幼儿自由探究。教师观察幼儿的玩法,提示不能用手帮忙,报纸不掉下来,速度又很快。引导幼儿讨论快速跑的动作要领。

分组竞赛形式进行练习快速跑比赛2～3次。将幼儿分成人数相等的3组,进行报纸接力跑,要求不能用手拿报纸,保证报纸不掉下来,最快跑完的一组获胜。

（3）鼓励、引导幼儿自由结伴,利用报纸创编各种跑的游戏。

3. 将报纸放在地上,坐在报纸上听着音乐按摩腿部进行放松活动。

（1）利用报纸做放松活动。

（2）报纸除了陪我们做游戏,还有很多的用途,我们可以一起去了解一下。

活动延伸

引导幼儿与家长协作完成贴贴乐体育活动,增加幼儿体育锻炼的频次,逐渐养成自觉锻炼身体的习惯。

附游戏玩法

报纸接力跑:

1. 幼儿平均分成两组,分别站在场地的两端。

2. 每组的第一个幼儿将报纸平整地放在胸前,听到口令后迅速跑向终点。

3. 到达终点后,立即跑回起点,把报纸交给下一个幼儿,依次进行。

打大灰狼:

1. 在距离幼儿3~5米的地方放置大灰狼头饰。

2. 幼儿站在规定的起点线后,每人拿一个报纸球。

3. 听到教师口令后,幼儿开始投掷报纸球,尝试击中大灰狼头饰。

图 4-6　幼儿游戏照片

活动六　艺术(手工)——花花乐园

活动意图

撕纸活动是幼儿钟爱的艺术创作之一,需要幼儿的手部力量及手眼协调等能力的相互配合。《3~6岁儿童学习与发展指南》中指出:创造机会和条件,支持幼儿自发的艺术表现和创造。本活动采用了游戏化的教学方法,让幼儿在游戏中自由地想象与创造,锻炼他们的手眼协调能力,更培养了他们勇敢、细心和专注的品质。幼儿通过观察、尝试、练习等方式,体验有意撕纸的乐趣,并通过简单创意表现,探索并表达丰富多彩的世界。

活动目标

1. 学会均匀撕纸的手工方法,准确地贴在固定的范围内。

2. 发展幼儿手部小肌肉动作,培养幼儿参加美术活动的兴趣。

3. 体验撕贴活动的快乐,培养幼儿的撕纸技巧和艺术气质。

活动准备

1. 经验准备:了解花园。

2. 物质准备:活动课件、彩纸。

3. 环境准备:布置美丽的花园场景。

活动设计建议

1. 幼儿欣赏美丽的花园,引出幼儿打造美丽的花朵。

(1)幼儿欣赏后,教师提问:"美丽的花园应该是什么样子的?里面都有什么?"

(2)教师引导幼儿利用纸打造花园:"今天带来了许多美丽的彩纸,想请你们帮忙在花园里打造出漂亮的花朵。"

2. 教师示范讲解,幼儿观看。

边示范边讲解:先将彩纸撕成小长条,然后再将它撕成小小的碎纸,并且放在盘中,盘子里都装满小碎纸后,然后来到花园里,从盘中取出撕好的小碎纸,逐一粘在花园的各个角落。

3. 幼儿操作并分享作品。

(1)幼儿操作时,教师注意幼儿的操作方法是否正确。

(2)提醒幼儿小心谨慎。

(3)对个别幼儿提供帮助,鼓励幼儿与幼儿之间相互帮助。

(4)作品展示,同伴与教师进行评价。

活动延伸

美工区中投放几种单色纸或简单的卡通形象。纸质要适宜,不宜过硬、过脆,幼儿可利用区角时间进行折纸、撕纸、剪纸。

附图片

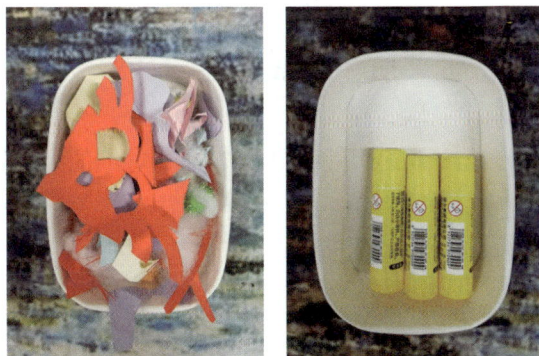

图 4-7　材料准备图

活动七 科学（实验）—— 会飞的纸

活动意图

本次活动将身边常见的、随手可取的纸,作为此次探索对象。《幼儿园教育指导纲要》指出:要尊重幼儿的学习兴趣,要善于发现幼儿所感兴趣的事物、游戏和偶发事件中所隐含的教育价值,把握教育的时机提供适当的引导。本次活动,幼儿在探究中游戏,在游戏中探究,在看看、说说、玩玩、粘粘的探索过程中提高各方面能力,培养敢于探究和尝试、乐于接受挑战的学习品质,体验探究游戏带来的快乐。

活动目标

1. 通过拼、粘等方式引导幼儿感知会飞的纸的现象。

2. 通过操作、探索,体验整个实验的过程,积累活动经验。

3. 激发幼儿对科学实验的探索,引导幼儿认知这个多彩的世界。

活动准备

1. 经验准备:了解纸张。

2. 物质准备:胶棒、纸条。

3. 环境准备:布置相关场地。

活动设计建议

1. 播放会飞的纸的视频引导幼儿交流,引起幼儿兴趣。

提问:"仔细看视频,发生了什么事情?"

2. 通过实验操作,引导幼儿通过大胆猜想与实验,并大胆交流。

（1）教师边操作边讲解:

用胶棒将纸的两端粘起来;

手将纸条拿着同时向中间挤压形成;

手举高将纸条横向拿起后轻轻放开,纸条就会旋转飞起来。

（2）幼儿操作与实验。

3. 引导幼儿根据纸的不同特性,探索纸的各种玩法。

（1）展示玩法 1,引导幼儿思考:用什么纸能很快把水吸干?

（2）展示玩法 2,引发幼儿思考:如何把纸立住?

活动延伸

利用绘本《纸娃娃》,再次激发幼儿玩纸的兴趣和对纸的探究欲望。教师可以利用教育活动,关注幼儿兴趣点,分析幼儿已有经验,引发幼儿关注纸轻薄、怕水、会被剪碎的特性,引导幼儿讨论纸可能发生的变化。

附图片

图4-8　幼儿玩会飞的纸

第二周　巧手撕窗花

活动一　语言(阅读)——《窗花一朵朵》

活动意图

《窗花一朵朵》是一本充满童趣的绘本,该书主要讲的是小动物们都去向狗奶奶请教如何剪窗花,从中体验由失败到成功的喜悦。《3～6岁儿童学习与发展指南》中指出:引导幼儿接触优秀的儿童文学作品,使之感受语言的丰富和优美。窗花不仅烘托了喜庆的节日气氛,寄托着辞旧迎新的愿望,而且为人们带来了美的享受。幼儿通过自主观察绘本画面,用简洁的语言表述绘本情节内容,在了解中国传统文化习俗的同时,也激发了将传统技艺传承的信念。

活动目标

1. 观察绘本故事中的图画,理解故事情节。
2. 能自主观察画面,用简洁的语言表述绘本情节内容。
3. 了解剪纸文化,培养幼儿喜爱剪纸的情感,做优秀中华文化的传承人。

活动准备

1. 经验准备:幼儿有欣赏剪纸作品的经验。
2. 物质准备:绘本《窗花一朵朵》、活动课件。
3. 环境准备:布置相关场地。

活动设计建议

1. 出示图片激发幼儿参与活动的兴趣,引出故事内容。

(1)出示图片,猜一猜、说一说剪纸图案。

提问:"小朋友们认识这是什么吗?"

(2)出示绘本故事。

提问:"新年到了,到处都喜洋洋的。乖乖狗家的窗户上贴着好多窗花,漂亮的窗花吸引了好多小动物前来观看。小朋友们仔细看看里面藏着什么?都有什么形状?"

103

2. 教师分段讲述故事,幼儿倾听、理解故事情节。

(1)介绍故事名称。

出示绘本:"今天老师给小朋友们讲一个《窗花一朵朵》的故事。故事的名字叫什么?"

(2)分段欣赏故事,帮助幼儿理解故事的主要内容。

感知故事情节:"谁家的窗户上贴满了窗花?谁在教小动物们剪窗花呢?"

"兔宝宝成功了吗?都有哪些动物剪成了漂亮的窗花?"

(3)出示步骤图,幼儿找出剪窗花的顺序。

提问:"小狐狸照着小山羊的方法剪,也剪出了雪花形状的窗花。谁来按顺序找出剪窗花的顺序呢?"

3. 完整欣赏故事,感受故事的情节的生动有趣。

▶ **延伸活动**

请幼儿尝试着将《窗花一朵朵》故事中动物间的对话简单地描述出来。

附绘本图片

图 4-9 《窗花一朵朵》故事图片

活动二 社会(分享)——贴窗花,年来到

▶ **活动意图**

剪纸窗花,作为中国的一项传统民间艺术,不仅在视觉上提供了美的享受,还在节庆时刻通过各种图案的窗花装点环境,营造出欢快热烈的氛围。《幼儿园教育指导纲要《试行)》的社会领域的指导要点中指出,幼儿与成人、同伴之间的共同生活、交往、探索、游戏等,是其社会学习的重要途径。本活动设计既新颖又能引发孩子无限遐想、培养社会态度和社会情感,同时又引导幼儿对生活的热爱以及对我国传统节日的向往。

▶ **活动目标**

1. 知道春节是我国最重要的节日,体会节日来临的快乐。

2. 通过讲解、唱歌、张贴剪纸等活动,对春节的年俗有基本的认识和体验。

3. 激发民族自信心和自豪感,增强学习和传承中华优秀传统文化的责任感。

▶ **活动准备**

1. 经验准备:过年经验。

2. 物质准备:胶棒、剪纸。

3. 环境准备:布置迎接新年环境。

▶ **活动设计建议**

1. 欣赏视频,感受贴窗花的喜庆气氛。

出示视频并提问:"浓浓的年已经来到,他们是怎么庆祝的呢?会做些什么事呢?"

教师:"新年到了,敲锣打鼓放鞭炮,真是热闹啊!咦,人们把什么贴在了窗户上?"

2. 交流春节庆祝方式,感受过年习俗。

(1)春节里有形式多样的庆祝表演。舞龙舞狮就是非常典型的庆祝方式,还有哪些庆祝的方式,大家一起交流。

(2)幼儿展示带来的春节里各种喜庆用品,如春联、中国结、福字等,交流春节里最难忘的事情。

(3)出示图片并提问:"新年祝福",引导幼儿大胆表达自己对亲人的祝福。

出示图片:"图中的人在做什么?过年的时候,人们见面会互相拜年,说祝福语,你都知道哪些祝福语?"

3. 装点活动室,体验浓浓年味。

(1)出示剪纸作品视频。

幼儿了解通过折纸、剪、贴的方法能制作美丽的剪纸,鼓励幼儿将自己的剪纸作品贴到窗户上,营造浓浓的节日气氛。

(2)利用事先准备好的窗花材料,幼儿装点教室。

▶ **活动延伸**

设计户外民间游戏,激发幼儿热爱民间文化的情感,拓展幼儿游戏经验,丰富游戏形式,感受传统游戏的魅力。

附素材

图 4-10　剪纸相关照片

活动三 健康（心理）——剪纸我不怕

活动意图

幼儿初学剪纸，他们有时会产生一定的担心与畏难情绪。积极心理品质中的韧性品质指的是个体在遇到困难或逆境时，展现出来的一种能够克服困难，适应逆境，并获得成长的一种积极品质。《3～6岁儿童学习与发展指南》中指出，幼儿阶段是形成安全感和乐观态度的重要阶段。因此本活动将健康领域与语言领域相结合，通过倾听、讨论、操作等形式，让幼儿了解应对方式，培养勇敢的精神和不怕困难的毅力。

活动目标

1. 知道害怕的感觉人人都会有，愿意大胆说出自己内心的恐惧。
2. 能够想办法消除害怕的心理，尝试战胜害怕。
3. 学会保持愉快心情，形成充满活力、身心健康的人格和心理品质。

活动准备

1. 经验准备：幼儿有剪纸的经验。
2. 物质准备：活动课件。
3. 环境准备：布置适合倾听的场所。

活动设计建议

1. 出示图片引发幼儿讨论，揭示小熊害怕的心理。

（1）出示图片，大胆猜测小熊害怕的原因："你们看，谁来了？小熊脸上是什么表情？猜猜小熊可能发生了什么事情呢？"

（2）揭示谜底："到底发生了什么事情呢？我们来看看。"

2. 经验迁移，说出自己在剪纸过程中害怕的事情。

（1）交流讨论，讨论自己的害怕。

教师："昨天笑笑和爸爸妈妈一起，已经把自己害怕的事情画了下来，我们一起来看看。那么，小朋友们，你们在剪纸的过程中有害怕的时候吗？"

（2）个别幼儿说出自己在剪纸过程中的害怕心理："你害怕的是什么？为什么会害怕？害怕的时候你心里是什么感觉？"

（3）经验归类梳理。教师："有一些小朋友害怕剪刀这类尖锐的东西，如果不小心剪伤自己，会流血、会疼；还有一些小朋友害怕剪不出好看的剪纸图案。"

（4）讨论交流，克服害怕心理。

结合展板，讨论解决的办法。

动手剪纸，积极面对害怕。

3. 了解小熊的克服办法，鼓励幼儿在生活中应用。

（1）回顾开头，了解小熊的克服方法。

教师："你们都想到了好办法克服了害怕，变成了勇敢的孩子。小熊有没有变勇敢呢？我们一起来看看。它想到了什么办法？现在小熊脸上是什么表情？"

（2）生活应用，克服害怕心理。

> **活动延伸**

邀请解放军叔叔走进幼儿园，与幼儿共同挑战不可能，帮助幼儿克服畏难情绪，培养幼儿勇敢品格。

附图片

图 4-11　活动素材照片

活动四　音乐（韵律）—— 剪窗花

> **活动意图**

《花好月圆》其旋律轻快动感，给予人欢乐的情绪，能够充分地激发幼儿对律动的兴趣。《3～6岁儿童学习与发展指南》的艺术领域"表现与创造"中指出："喜爱艺术活动，并大胆进行表现。"在活动设计中，根据小班幼儿的年龄及兴趣特点，设计幼儿跟随音乐节奏律动，鼓励他们在过程中创编，感受音乐的无限魅力。幼儿在倾听、欣赏和律动的过程中自由表达对音乐的理解，愉悦地进行音乐活动。

> **活动目标**

1. 通过音乐律动初步培养身体的协调性、节奏感。
2. 尝试跟着音乐做简单的律动动作，并大胆表现。
3. 感受音乐律动带来的快乐，初步培养音乐素养和创造性表现力。

> **活动准备**

1. 经验准备：了解剪纸文化。
2. 物质准备：活动课件、音乐。
3. 环境准备：布置剪纸作品环境。

> **活动设计建议**

1. 创设故事情境，引起幼儿兴趣。

引导语："每当新年的钟声渐渐响起，小小的剪刀便舞动起来，将一张张喜庆的红纸剪成精美的窗花。这些窗花被人们小心翼翼地贴在窗上，为家增添节日的气息，共同期待新年的到来。快来让我们看看小剪刀都把纸变成了哪些好看的图案吧！"

幼儿欣赏故事场景，教师念语词："过新年，剪窗花，小剪刀，咔嚓嚓。剪个灯笼屋边挂，剪出雪花满天洒。再剪一个胖娃娃，嘀嘀嗒嗒吹喇叭。恭喜恭喜过年啦！过呀过年啦！"

2. 感受乐曲节奏,配合动作表现欢快的氛围。

(1)幼儿感受乐曲 A 段,根据语言提示创编相应动作。

引导语:"剪刀都剪出了哪些图案?灯笼、雪花和胖娃娃都是什么样子的?"幼儿自由回答并创编挂灯笼、雪花飘洒、胖娃娃吹喇叭等动作。

(2)幼儿感受乐曲 B 段,加入贴窗花的动作。

引导语:"这么多漂亮的窗花,小朋友们想怎么贴呢?"教师播放 B 段音乐,随乐做动作,幼儿跟做贴窗花动作。

3. 配合完整音乐,进行音乐律动表演。

(1)教师播放音乐,师幼随乐完整表演。

(2)播放音乐,教师带领幼儿完整练习2～3遍。

(3)幼儿独立表演"剪窗花"韵律。

▶ 活动延伸

在音乐表演区中增加辅助表演材料的投放,例如:铃鼓、手环铃、丝巾等,可以让幼儿在表演中自主选择,用更多的方式表现自己对音乐的认识和感受,提升对作品整体的理解与表达。

附音乐

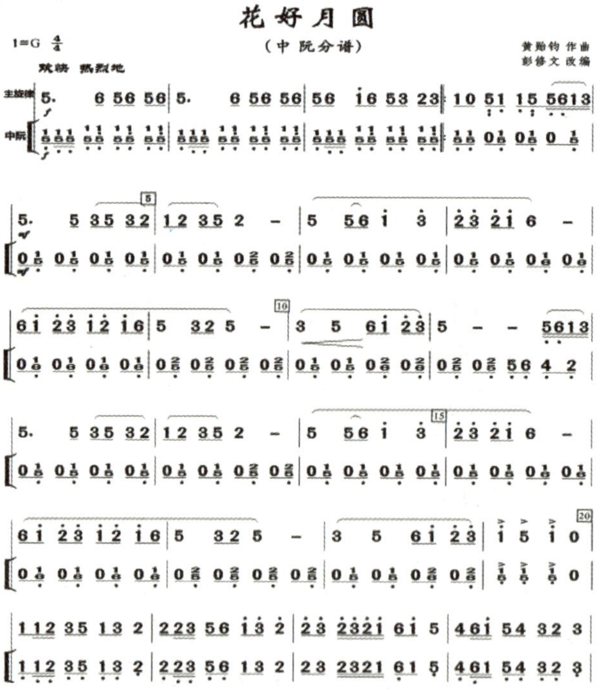

图 4-12 《花好月圆》乐谱

活动五　健康（体育活动）——窗花里的新年

活动意图

《3～6岁儿童学习与发展指南》中指出,开展丰富多样适合幼儿年龄特点的各种身体活动,利用多种活动发展身体平衡和协调能力。贴窗花是新年的重要习俗之一,象征着吉祥和美好,本次活动以窗花为道具,创造一个富有情境性和趣味性的运动体验,设置一定的障碍和挑战,幼儿通过走小桥、跳草地、爬山洞等运动,发展身体的协调性和平衡能力,培养勇敢、坚持的品质,促进心理的健康发展,激发爱家乡、爱祖国的情感。

活动目标

1. 体验贴窗花游戏的乐趣,激发爱家乡、爱祖国的情感。

2. 了解春节的习俗,知道新年吃饺子、贴窗花等传统活动。

3. 发展双脚连续跳、爬等大肌肉动作,发展身体的协调性和平衡能力。

活动准备

1. 经验准备:幼儿知道中国的传统节日春节的一些习俗。

2. 物质准备:障碍物、小篮子,饺子,汤圆,鞭炮的图片,各种窗花,音乐《新年好》。

3. 环境准备:布置过春节的活动场地。

活动设计建议

1. 播放音乐《新年好》,做热身运动,激发幼儿活动的兴趣。

教师带领幼儿跟随音乐《新年好》做热身操,活动身体各部位。

2. 创设去奶奶家过年的情境,体验游戏带来的挑战与快乐。

（1）创设情境,引导幼儿熟悉活动场地,练习基本动作,教师指导。

① 练习过小桥:教师引导幼儿掌握走小桥（平衡木）的动作,双手侧平举保持平衡,慢慢走过小桥。

② 练习跳草地:教师在小桥的尽头放置一些障碍物,如呼啦圈,引导幼儿双脚并拢连续跳过障碍物。

③ 练习爬山洞:教师引导幼儿爬山洞（拱形门）的动作,弯腰屈膝,手脚着地爬过山洞。幼儿分组进行爬山洞的练习。

幼儿将过小桥、跳草地、爬山洞等动作连贯起来进行练习,从起点出发,依次通过各个障碍,到达终点。

（2）开展游戏"贴窗花",体验游戏带来的挑战性和乐趣。

教师介绍游戏玩法和要求。教师将幼儿分成若干组,在终点处放置一些篮子,篮子里装有窗花。幼儿进行游戏活动,根据幼儿情况重复进行2～3次,让幼儿充分体验游戏的乐趣。

3. 跟着音乐做运动,讨论新年的习俗,感受春节的欢乐氛围。

教师带领幼儿在音乐的伴奏下,做放松运动,并介绍新年的一些习俗,萌发爱祖国的情感。

▶ **延伸活动**

手工活动：剪窗花，贴窗花，布置教室。

附游戏玩法

1. 幼儿分成若干组，站在起点线后。

2. 听到口令后，每组的第一位幼儿出发，依次走过小桥、双脚连续跳过障碍物、爬过山洞，到达终点后从篮子里取出一张窗花，贴在奶奶家的窗户上，然后跑回起点，与下一位幼儿击掌。

3. 下一位幼儿出发，重复前面的动作，直到每组的最后一位幼儿完成贴窗花任务。

4. 最先完成贴窗花任务的小组获胜。

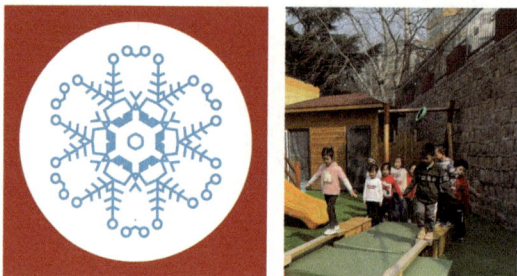

图 4-13　幼儿活动照片

活动六　数学（形）——剪纸分分乐

▶ **活动意图**

分类是学前儿童认知发展中的重要能力之一，也是贯穿儿童思维发展进程的核心能力。《3～6岁儿童学习与发展指南》指出，幼儿的科学学习是在探究具体事物和解决实际问题中，尝试发现事物间的异同和联系的过程。本次数学活动，利用游戏情境引导幼儿按剪纸颜色、形状进行分类，促进幼儿感知形状与空间的关系，再将获得的经验迁移到生活中，能够将游戏材料、生活用品等按照标记整理好，提高生活自理能力。

▶ **活动目标**

1. 通过观察和操作，初步根据颜色、形状、大小的特征对物品进行分类。

2. 在分类过程中，培养幼儿的观察能力、逻辑思维能力和动手操作能力。

3. 激发幼儿对数学学习的兴趣，培养幼儿的自主学习和探究精神。

▶ **活动准备**

1. 经验准备：幼儿了解过剪纸特色。

2. 物质准备：活动课件，各种不同颜色、形状、大小的剪纸。

3. 环境准备：布置剪纸作品展。

▶ **活动设计建议**

1. 创设小白兔遇到困难的情境，引起幼儿兴趣。

教师利用情境导入:"小白兔面前有一堆剪纸混杂在一起,它想整理好,希望咱们小朋友们帮帮忙。快来听听小白兔的求救吧:哎呀,这么多剪纸混在一起,我想找那个红色的剪纸好难啊,小朋友们,你们有什么好办法吗?"

2. 出示各种剪纸,幼儿明确分类的方法。

(1)教师出示课件:"今天,我们就来学习一个有趣的本领——分类。通过分类,我们可以把相同特征的物品放在一起,这样找东西就方便多啦!"

(2)观察与发现,展示几个剪纸的特点,引导幼儿观察它们的颜色、形状、大小等特征。提问:"你们看看这些剪纸,它们有哪些不一样的地方呢?"

3. 分类实践,幼儿掌握分类方法。

(1)出示分类盒,解释分类的方法:"我们可以按照剪纸中的一个特征来分类。比如,我们可以把所有红色的剪纸放在一起,所有三角形的剪纸放在一起。"

邀请几名幼儿上前示范分类,根据某一特征将物品放入相应的盒子中。

(2)分组活动:将幼儿分成小组,每组提供一些混杂的物品,让他们合作进行分类。分类完成后,引导幼儿使用标记工具对分类结果进行标记。例如,可以在每个分类盒贴上相应的彩色贴纸或标签。提问:"现在我们已经分类好了,但是怎么能更清楚地知道每个盒子里放的是什么呢?"引导幼儿提出标记的想法并实施。

(3)拓展与挑战,引导幼儿思考更多的分类方法:"我们已经按照颜色和形状进行了分类,还能按照什么特征来分类呢?"鼓励幼儿尝试按照大小特征进行分类操作。

(4)幼儿分享交流,总结。

与幼儿一起回顾今天的活动内容,强调分类的重要性和方法。提问:"今天我们学习了什么新本领?分类有什么好处呢?我们是怎样进行分类的?"引导幼儿用自己的语言进行回答。

▶ **活动延伸**

鼓励幼儿在日常生活中注意观察身边的物品,尝试进行分类和整理,培养幼儿的自理能力和分类意识。

图 4-14　各类剪纸图

活动七 艺术（手工）——趣撕窗花

活动意图

剪纸艺术以其独特的风格和浓郁的民俗风情，承载着丰富的文化价值，成为世界文化遗产中的珍贵元素。《3～6岁儿童学习与发展指南》指出，应让幼儿通过艺术领域的学习，萌发幼儿对美的感受和体验，丰富其想象力和创造力。本次剪纸活动"趣撕窗花"，旨在引导幼儿结合手部动作、视觉观察和思维过程，在与纸张的互动中，培养其耐心、精细的操作习惯以及注意安全的意识，并通过本活动，鼓励幼儿学习剪纸，探索剪纸的制作方法，激发幼儿创造性思维，体验活动的乐趣。

活动目标

1. 知道民间窗花的特点，了解窗花的美。
2. 尝试用撕的方法制作出简单图案的窗花。
3. 激发学习剪纸的兴趣，培养欣赏民间剪纸艺术的能力。

活动准备

1. 经验准备：幼儿有欣赏剪纸作品的经验。
2. 物质准备：活动课件、剪纸、毛笔、颜料。
3. 环境准备：布置剪纸、窗花的作品展。

活动设计建议

1. 通过讨论引发幼儿思考，激发幼儿探索兴趣。

教师出示多种类的美术作品并提问："这些都是什么作品？哪些是剪纸作品？"

2. 教师讲解剪纸基础知识，学习制作方法和步骤，激发幼儿动手操作的兴趣。

（1）结合剪纸作品导入："剪纸是我国传统的民间艺术，历史悠久。剪纸的样式很多，这是窗花、墙花、枕花、礼花等。"

（2）教师将剪纸展示给幼儿："这些作品是运用哪些工具制作出来的？"

（3）教师边示范边讲解，扩展幼儿的思路。

① 拿出一张彩纸。

② 对窗花的折叠方式进行讲解。

③ 用手沿着痕迹撕纸。

3. 幼儿自由创作，尝试使用不同方法制作剪纸，相互欣赏。

（1）拼色撕纸：把撕出彩纸经过构思用胶水拼贴在衬纸上。画面空洞的地方可以添加一些点缀，烦琐的地方可以去掉一些，使画面看上去更加好看。

（2）染色撕纸：把各种形状的剪纸，用毛笔蘸颜料渲染在纸上。注意及时用吸水纸吸取多余的颜料，以免影响其他色块的效果。

（3）幼儿将把作品粘贴到展板上，互相欣赏与讲评。

活动延伸

在美工区提供彩纸和剪刀，鼓励幼儿尝试运用不同对折方法剪出不同的对称图案的美丽窗花。教师可以进一步指导幼儿学习多种剪纸的方法,激发对中国传统剪纸活动的兴趣。

附素材

图 4-15　幼儿"趣撕窗花"活动作品展示

实践活动集锦

第五章

·小班课程故事案例·

纸上玩家

一、课程缘起

在元旦庆祝活动中，幼儿纷纷从家中带来各式新年装饰品装点教室，其中一张生动精美的窗花尤其引起了他们的好奇和讨论。

"这是什么？太好看了！"途途惊叹道。

"这是用剪刀剪的，完成后可以贴在窗户上作为装饰。"可可解释着。

"这是用纸做的吗？"甯澄好奇地询问。

图 5-1　幼儿欣赏剪纸

幼儿对剪纸的兴趣愈发浓厚，他们会时常用小手触摸剪纸，会用眼睛去发现幼儿园里其他地方的剪纸作品。于是，我们及时抓住契机，将"剪纸的艺术"延伸到我们班的活动中来。《3～6岁儿童学习与发展指南》中指出：艺术是人类感受美、表现美和创造美的重要形式，也是表达自己对周围世界的认识和情绪态度的独特方式。小班幼儿剪纸侧重于用自己的方式体验和创造。感受剪纸乐趣的同时，更愿意使用剪刀进行作品创作。在这一学习剪纸的过程中，幼儿学会了专心致志地按照轮廓剪纸，也更加系统地了解剪纸文化，萌发热爱中国传统文化的情感。小手动一动，就能纸上生花，这是一件多么有趣的事情呀。现在，就让我们一起开启一段剪纸艺术的探索之旅吧！

二、课程内容与过程实录

（一）赏·纸间互动

剪纸艺术形式多样，我们通过引人入胜的剪纸绘本，为幼儿揭开了这门传统艺术

114

的面纱。绘本立刻激发了幼儿极大的好奇心,他们开始接触并探索中国的传统民间艺术——剪纸。

小桐:"好漂亮的花花,上面是雪花吧。"

真真:"哇!这些窗花很漂亮呀,是怎么剪出来的呀?"

子卿:"这小小的纸上有好多洞洞。"

真真:"这是画出来的吗?"

上诚:"有只小老鼠在上面。"

针对他们的好奇心,我们搜集了一系列图案丰富、形状各异的剪纸作品,来满足孩子们的需求。在语言和艺术领域的主题活动中,通过视频和多媒体展示了丰富多彩的剪纸艺术,帮助幼儿欣赏和了解各种剪纸作品及其独特之处。家长也积极参与这一教育过程,与幼儿一起在家中查阅相关资料,支持班级里的剪纸教学活动,从而更加全面和深入地帮助幼儿了解剪纸文化,实现了家庭与幼儿园的共同教育目标。

满满一桌子的剪纸立马吸引了所有幼儿,他们摸摸这儿、摸摸那儿,摸到了剪纸的边上时,上诚说道:"老师,我发现剪纸这两边是一样的。"玮玮立即说道:"这太厉害了。"孩子的发现也引发了其他人的思考,大家叽叽喳喳地赞叹着。

佑佑:"我觉得需要一把好用的剪刀,这样两边才能剪得一样好。"

铭铭:"还需要一支笔,我们画好了再剪下来。"

图 5-2　幼儿尝试剪纸

教师反思:剪纸的形象丰富,造型百变,既有趣又美观,深受幼儿喜爱。幼儿通过亲身体验,了解了很多有关剪纸艺术的表现形式。幼儿更愿意赏剪纸,了解剪纸,这也为接下来的活动铺设经验。前期的欣赏,不仅激发了他们对中国传统文化的热爱,还通过美术欣赏与创作丰富了幼儿的想象力、创造力。也有细心的幼儿发现,有的剪纸作品是对称的,这为接下来的活动做了很好的铺垫。

(二)探·剪纸体验

幼儿对剪纸跃跃欲试,于是我们开展了各项活动引导幼儿进行各种线条的随意性剪纸练习,他们纷纷拿起剪刀来大显身手。

子玥:"看我剪的小月牙。"

雅姝:"我这个像是一颗小牙齿。"

随着剪纸次数的增多,幼儿已经不限于常规剪纸。开始试着自主、自由地进行创意玩法。于是,随性简易的儿童创意剪纸也迅速展开。"老师,我想剪一个海星,怎么剪呢?""我们是不是可以先画下来,然后再剪呢?"可是在实际动手剪纸的过程中,又遇到了新的问题。

涵涵:"我的海星少了一个角!"

易新:"为什么我的也变成好几瓣了,不是完整的?"

小桐:"我剪断了。"

随着剪纸变得越来越有挑战性,一部分幼儿也出现了困难。原来,有的小朋友画的图案很小导致剪得不完整;有的小朋友使用剪刀又不太熟练,很难剪完自己描绘的轮廓;那到底应该怎么剪?幼儿决定先尝试自己解决。

子卿:"可以把线画得粗粗的,少画点线。"

甯滢:"我看到书上说折一下,画一半。"

我们带领幼儿上网查阅资料,发现了原来剪纸也是有讲究的。要沿着线剪,使用剪刀时不能太用力,很容易剪破,这很考验我们的动手能力呢!当幼儿学习了方法之后,信心倍增。于是开始了第二次的尝试。

第二次剪纸,幼儿画出了自己心仪的图案,幼儿们纷纷拿起剪刀和红纸,在保持安静的前提下开始了自己的剪纸创作。幼儿全情投入,小心翼翼地剪着,最终相互交流,分享着创作的喜悦,剪出了属于自己的独特作品。在这个过程中,幼儿还知道了祥云代表着吉祥,寓意着人们希望生活能够吉祥如意、幸福美满。"老师,快看!我剪了这么多的祥云。""老师,我剪出来一堆的雪花。"

进行对称剪时,我们先向幼儿提供具有简易线条的不同图案,让幼儿通过临摹的方式掌握对称剪法中的"画"。让幼儿学会沿线剪出直线、曲线再到圆形、正方形等图形。剪纸活动是一个既动手又需要动脑的活动,幼儿对于只画出一半的图形,剪完却是一个完整的形状,感到非常开心与惊喜。

于是,剪纸在班级里变成了热门活动。为此,在美工区,我们单独设置出剪纸展览馆,幼儿在欣赏剪纸作品的同时,也将自己剪出来的作品保留起来。不一会儿展览馆里涌现出无数的"奇珍异宝"。

图 5-3　剪纸展示

教师反思:幼儿在初步尝试剪纸过程中出现的剪断的情况,应该怎么调整呢。这时候教师没有直接回答,而是引领幼儿思考。幼儿通过大胆探究,反复操作,发现问题和解决问题。和好朋友继续深入探索,努力让自己的作品变得更完整;教师也要通过环境引导幼儿探索出不一样的剪法,这就需要提供更多的经验,有目的地将幼儿的作品陈列展示,在相互学习中,让幼儿通过先模仿再创造的方法探索新的作品。

(三)制·妙剪生花

经过一段时间剪纸的练习,孩子们在尝试错误与获得成功的过程中,剪纸的技巧越来越好。孩子们喜欢着、努力着,积累了越来越多的剪纸小作品。一天,我看到途途一个人坐在剪纸展览馆里,于是问道:"你怎么一个人坐在剪纸展览馆里呢?"途途伤心地告诉我:"老师,只有我一个人了。"是啊,当幼儿较为熟练了剪纸的方法,他们反而降低了兴趣。如何再次激发幼儿的兴趣,成了另一个难题。

通过学习主题《春天》,孩子们自主进行创作,原来剪纸艺术还能用剪贴的形式表现得活灵活现,孩子们商量决定制作剪贴艺术展来装扮教室。很快,剪纸与绘画、粘贴等方式的结合应运而生。

"老师,我把剪纸贴成了一个小扇子。"

"老师,我想给小燕子穿上漂亮的衣服。"

"我想用剪纸做一个门帘,可以吗?"

在你追我赶的氛围中,孩子们自由发挥,用灵活的小手剪出了造型各异、独一无二的剪纸形状,再通过具有想象力的拼贴变成一个个生动的形象作品。在这个活动中,幼儿再次爱上了剪纸。我们的美工区和剪纸展览馆成为大热门区域,幼儿特别希望每天能够积极参与区域活动。剪纸是中国民间艺术的一块瑰宝,它不仅是中国特有的一种民间艺术,风格独特,也是一项手脑并用的操作活动。我们的故事就在这一片片、一张张、一条条、一块块或大或小、或圆或方、或长或短、或曲或直的彩色剪纸的拼摆中继续着。

图5-4　幼儿制作门帘

教师反思:一把小小的剪刀,会在纸上变出什么呢?只有最后打开才知道。幼儿在亲身实践中探索剪纸艺术的奥妙。他们从不了解剪纸到了解剪纸艺术,从不会剪到初步掌握剪的技巧,从随便玩玩到认真探索。在实施过程中,孩子们相互讨论、相互帮助,这就是我们教育所期待的状态。

三、总结与反思

(一)以优秀传统文化打底,筑牢幼儿文化自信根基

从幼儿选择了美工区和剪纸展览馆开始,从他们不约而同地拿起了剪刀和彩纸中

能看出来幼儿对剪纸活动特别感兴趣，能自主选择喜欢的艺术活动。剪纸活动，不仅锻炼幼儿双手的灵活性和协调性，培养幼儿的耐心和细心，更加深了他们对剪纸这项民间艺术的认识和理解。在三次活动中，幼儿不断激发出对剪纸的兴趣，调动他们学习剪纸的积极性和主动性，使剪纸艺术得到传承和发展。

（二）以剪纸活动培养幼儿的审美素养和人文素养

在剪纸活动中幼儿通过自己不断的观察、比对图样，反复尝试，遇到问题时主动询问解决办法，逐步加深自己的理解，很好地践行了主动学习的理念。随着班级幼儿的剪纸作品越来越多，我们也在思考如何整理并运用。我们积极尝试将幼儿的剪纸作品装订成册放入剪纸展览馆中，并且将幼儿的活动轨迹和有效的剪纸成果以照片或者表征形式陈列展示，给班里其他的幼儿提供参考。

（三）整合资源促进幼儿全面发展

小班幼儿逐渐丰富着剪纸的基本技巧，他们能够手眼协调地剪出光滑流畅的弧线、曲线以及各种形状，为到中班、大班时还持续保持着对剪纸活动浓厚的兴趣打下基础。随着后期的不断推进，幼儿已经不满足于剪简单的图形了，他们想挑战更有难度的造型。传统文化注重儿童的身心发展特点以及艺术表现形式和规律，多角度培养幼儿的各项能力。我们也将加入更多的剪纸材料，如锡纸，皱纹纸等，及时增添材料的数量，使剪纸活动更多样化。

图 5-5 幼儿制作成果

·中班课程故事案例·
《老鼠嫁女》

一、课程缘起

在一次阅读活动中，我给幼儿讲了《老鼠嫁女》的故事。故事中热闹的场景、有趣的情节深深吸引了幼儿。杉杉说："老师，老鼠嫁女好有趣呀，那个老鼠新娘好漂亮。"墨墨说："我也觉得，要是能看到真正的老鼠嫁女就好了。"我启发幼儿："那我们可以用一种特别的方式来表现老鼠嫁女儿哦，比如剪纸。"

中班幼儿能较为熟练地使用剪刀，可以剪出简单的直线、曲线和几何形状，开始尝试剪出不规则的形状及图案，如云朵、花朵等，并尝试组合成新的图案，结合幼儿前期剪纸经验，将传统民间故事《老鼠嫁女》为兴趣点通过剪纸活动呈现不同老鼠形象与婚礼场景，能让幼儿深入了解传统文化中对美好生活的向往等寓意。这种文化传承不仅是技艺的传递，更是价值观和民族精神的延续。让幼儿在感受传统文化魅力的同时，培养他们对民族文化的认同感和自豪感,为他们的成长注入深厚的文化底蕴。

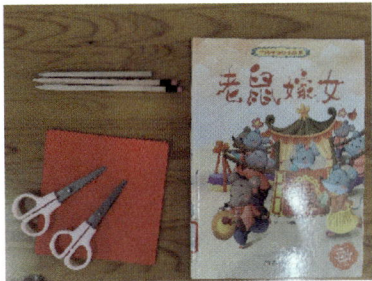

图 5-6 剪纸工具

二、课程内容与过程实录

(一)鼠宝剪纸记

欣赏完《老鼠嫁女》故事后,幼儿开始剪纸活动。涵涵说:"老鼠的身体太难剪,不知道从哪里开始。"我引导道:"大家观察老鼠图片,老鼠身体像椭圆形和三角形组合,我们一起画轮廓。"处理镂空部分时,杉杉说:"我想剪老鼠眼睛,总是剪断。"我拿出剪好镂空的纸,说:"先把要镂空的地方用铅笔轻轻画出来,比如剪眼睛,先在中间戳个小洞,再向四周剪。"

接着播放剪纸视频,让幼儿观看专业剪纸艺人如何处理复杂形状和镂空。经过我的指导和幼儿的反复尝试,他们在轮廓和镂空方面有进步。随着活动深入,幼儿不断地交流想法,有的说:"我要剪一个漂亮的老鼠新娘,给她穿上红色的裙子。"有的说:"我要剪很多小老鼠来参加婚礼。"

老鼠新郎、新娘、花轿、乐队等精彩作品不断涌现,共同构建出一个热闹非凡的老鼠嫁女儿的场景。幼儿在剪纸《老鼠嫁女》活动中积极应对难题,脸上满是喜悦。剪纸活动促使他们不断克服困难,提升动手能力,同时也推动师幼共同思考,提升解决问题的能力。

图 5-7 幼儿尝试剪纸老鼠

教师反思:活动中,故事导入激发了幼儿的兴趣与创造力,他们积极交流想法,展现丰富的想象力。我通过引导观察和示范等方式,一步步帮助孩子们掌握剪纸技巧,促进了他们的认知发展,同时良好的师幼互动也推动了我们共同成长。评价方式较为单一,应采用多维度评价幼儿的作品和进步,以更好地激励他们,在今后的活动中,我会更加注重关注个体差异,优化时间安排,丰富评价方式,不断提升活动质量。

(二)小鼠迎亲记

图书区,幼儿翻看着绘本《老鼠嫁女》。"哇,老鼠嫁女儿很热闹呢!"豆豆兴奋地说。"我们剪剪嫁女儿的老鼠吧?"小雨提议道。看着他们剪纸,我说:"你们会用对称的方法剪吗?"孩子们一听来兴致了,追着我要学对称剪纸。

活动开始了,涵涵看着彩纸发愁:"老师,我不知道怎么剪对称的老鼠呀。"我微笑着回答:"别着急,我们把纸对折,然后在一边画出老鼠的形状,剪下来就对称啦。但是要注意,剪的时候一定要小心,不要剪断了,也不要剪反了哦。

我们看看有几只老鼠抬花轿?"幼儿讨论着,我就剪了出来,幼儿兴致更高了,"我想剪吹吹打打的迎亲队伍,可不知道怎么对称剪。"丫丫苦恼地说。我走过来耐心地讲解:"我们可以先观察一下乐器的形状,把纸对折后,从中间开始画一半的乐器,再慢慢剪出来。这样就能对称剪出吹吹打打的迎亲队伍啦。"幼儿专心致志地创作着,那八只抬花轿的小老鼠和吹吹打打的迎亲队伍在他们的手中渐渐变得生动起来。

图5-8 幼儿尝试剪纸不同动作的老鼠

教师反思:本次活动不仅让幼儿学会对称剪纸的技巧,还在解决对折画剪、不断不剪反等问题的过程中,培养了耐心和细心,幼儿体会到合作的乐趣和创造的成就感。在活动中,要更加注重对幼儿的个别指导,满足不同幼儿的需求。同时,可以进一步拓展活动内容,引导幼儿将剪纸作品进行故事讲述或场景布置,让他们在活动中获得更多的乐趣和成长。

(三)《老鼠嫁女》故事书

幼儿成功剪出可爱的老鼠外形以及对称剪迎亲队伍后,对剪纸的热情被瞬间点燃。闲暇之时,他们总会在剪纸区尽情地画画剪剪。大家围坐在一起,认真折叠纸张,专注地用剪刀剪出对称图案,大家兴奋地讨论如何将其制作成一本故事书。

他们纷纷动手,精心排列组合剪纸作品,努力还原老鼠嫁女儿的热闹场景。杉杉看着作品说:"看,这是老鼠新娘坐在花轿里,她真漂亮。"木木说:"这边是迎亲的队伍,吹喇叭的老鼠好可爱,还有抬着礼物的老鼠,好热闹。"

我也不禁说道:"它一定期待自己美好的生活。"墨墨却冒出一句:"她最后会被猫吃掉的。"大家一听都哈哈笑起来,希希立刻决定剪一只大脸猫,让故事更加完整。经过共同努力,一本独一无二的《老鼠嫁女》故事书终于完成。每每游戏活动时,都会有几个孩子津津有味地翻阅着这本凝聚着大家心血与创意的故事书。

图 5-9 幼儿剪纸组合作品

教师反思:从最初剪出可爱的老鼠外形,到对称剪迎亲队伍,再到制作故事书,他们展现出了强烈的兴趣和极高的创造力。此次活动充分体现了维果斯基的"最近发展区"理论。依据幼儿已有的剪纸经验,设置具有一定挑战性的任务,如对称剪和镂空设计等,成功激发了他们的潜能。同时,活动中的对话与合作也符合社会建构主义的观点。幼儿在与同伴的交流互动中,共同构建知识、分享经验,我们应该为幼儿提供更多展示自我、发展能力的机会,促进他们全面成长。

三、总结与反思

(一)童趣剪韵中老鼠嫁女的传统文化探索的影响

本次活动以《老鼠嫁女》故事为引,将传统文化与幼儿剪纸活动紧密结合。故事中蕴含的美好寓意和传统价值观,为幼儿的创作注入丰富情感内涵。在剪纸过程中,幼儿仿佛走进古老的民间艺术世界。他们通过对老鼠形象及婚礼场景的塑造,感受着传统文化的独特魅力。从不知如何下手到熟练掌握各种技巧,幼儿的成长不仅体现在动手能力上,更在于对传统文化的理解和感悟。幼儿在探索剪纸艺术的过程中,不断挑战自我,培养观察力、想象力和创造力。同时,活动也促进他们的审美能力和精细动作发展。此活动为幼儿打开一扇通往传统文化宝库的大门,让他们在快乐中学习,在传承中成长。

(二)老鼠嫁女剪纸之师幼互动的探索与思考

本课程活动中,教师通过引导观察、示范讲解等方式,一步步帮助幼儿掌握剪纸技巧。例如,在幼儿遇到困难不知如何剪老鼠身体时,教师引导他们观察老鼠图片,一起画轮廓;当幼儿在镂空部分遇到问题时,教师拿出剪好镂空的纸进行示范,并播放剪纸视频,让幼儿学习专业剪纸艺人的方法。这些互动策略促进幼儿的认知发展。同时,良好的师幼互动也推动教师的成长,教师在与幼儿的交流中不断思考,提升解决问题的能力。活动中也存在一些不足之处:一是评价方式较为单一,教师应采用多维度评价孩子的作品和进步,以更好地激励他们。二是在活动中对幼儿的个别指导还不够,未能充分满足不同幼儿的需求。三是活动时间安排和内容拓展方面还有待优化。

(三)多元支持策略促成长

在老鼠嫁女剪纸活动中,评价方式应多元化,结合幼儿自评、互评和教师评价。幼儿分享创作思路和感受,互相欣赏作品,教师给予具体鼓励与建议,提升他们的自我认知和评价能力。个别指导需加强,教师密切关注每个幼儿的进展,及时发现问题并给予针对性帮助,满足个性化需求。时间安排要优化,合理分配各环节时间,确保幼儿有充足的创作和交流时间。内容拓展可丰富活动,引导幼儿将剪纸作品进行故事讲述、场景布置,或与戏剧表演等领域结合,增添乐趣,促进成长。

·大班课程故事案例·
十二生肖剪纸乐

一、课程缘起

元旦佳节将至,班级装饰的喜气洋洋,处处洋溢着年味儿。大班幼儿在剪纸区忙碌,已学会剪一些基本的几何图形及用对称剪纸的方法剪爱心、蝴蝶等。这时,小溪指着窗上的窗花赞叹道:"这个花纹真好看。"小雨接着说:"我好像看到上面有动物。"图图回应道:"那是一条龙,今年是龙年。"小俊自豪地说:"我知道十二生肖里有龙,我属鸡。""我属狗。""怎么窗花里没有鸡和狗呢?"幼儿们叽叽喳喳地讨论着,都想剪出自己的生肖。

大班幼儿好奇心旺盛、动手能力发展迅速,不再满足模仿现成简单图案,更倾向自主创作丰富的花纹。因此,我们将开展班本课程"十二生肖剪纸乐",了解十二生肖故事、创设十二生肖剪纸欣赏作品展,在掌握镂空和对称剪纸的基础上,运用四方连续的剪纸方法表现十二生肖剪纸窗花或者门笺,引导幼儿深入了解传统文化,提升幼儿的剪纸自主创作能力,传承古老的艺术技艺,让非遗剪纸文化在新时代幼儿心中绽放新的光彩。

图5-10 幼儿欣赏剪纸作品和工具

二、内容与过程实录

（一）有趣的生肖剪纸

我们一起讲述十二生肖的故事，幼儿知晓十二生肖传说来历及与生辰的关系，还了解自己和老师、爸爸妈妈有着不同的属相。接下来，我们开展剪纸活动"有趣的生肖剪纸"，幼儿围绕龙和自己及家人的属相进行剪纸。

起初，他们自选生肖，画出外形后再画简单镂空花纹。然而，幼儿发现剪出想要的花纹并不容易。图图的剪纸鸡生肖上的图形太多，难以沿线条剪出；希希的小狗生肖因布局不佳，剪得形象太小，剪花纹时易断。大家看着不怎么精美的作品，有些失落。

这时，我出示艺人的剪纸生肖作品，幼儿观察后发现漂亮花纹是有规律的。他们围在一起讨论："水滴纹围着圆点真漂亮。""小狗脚上的锯齿纹也好看。""有的花型花纹是对称的，还有的花纹是一样的。"通过欣赏和观察作品后，我提示："选择画花纹不要太多，选择一个花纹有规律地排列也是一个好办法。画得形象线条少一些，大一些，比较容易剪。"经过不断尝试探索，幼儿逐渐掌握技巧，越来越喜欢自己剪出的作品。

图 5-11　幼儿欣赏剪纸花纹

教师反思：此次生肖剪纸活动围绕剪纸外形布局和镂空花纹展开，幼儿受年龄特点的影响，剪纸的技能不够灵活精细，因此在活动中，教师应该提供不同布局和花纹的范例，引导幼儿自主发现外形和镂空花纹之间的布局关系，学会观察剪纸作品中如何运用简单的花纹进行对称和重复排列的规律来达到剪纸美观的效果。同时，要给予幼儿充分的讨论空间，在交流中碰撞出解决问题的火花，在解决问题的过程中，继续激发幼儿剪纸的兴趣。

（二）四方连续剪纸乐

在阅读区，幼儿从书上发现人们为庆祝新年，充满智慧的中国人用剪纸的方式装扮房屋庆新年，在门上用贴春联和门笺。有的幼儿提议："我们会剪出两个一样的生肖图案，是不是也可以剪一串一样的生肖挂在门上和窗户上呢？"新发现让幼儿兴奋不已，大家都迫不及待地想要学习四方连续的剪纸方法来制作生肖门笺。

教师开始示范时，幼儿围拢过来，眼睛一眨不眨地盯着教师的动作。希希忍不住惊叹道："竟然能剪出4个一样的龙。"

教师剪完打开后，幼儿发出阵阵欢呼声。大家纷纷拿起纸开始尝试。"哎呀，我对折得不对。"小雨有点着急。"没关系,我来帮你。"图图热心地凑过去。

在尝试的过程中,幼儿不断交流经验。"要小心剪,不能剪断。""对折的时候要对齐。"经过一番努力,有的幼儿成功剪出了四方连续的生肖图案,高兴得手舞足蹈。"看我的,好漂亮呀!""我们可以把这些挂在门上和窗户上,一定很好看。"幼儿沉浸在剪纸乐趣中,也对用剪纸装扮新年充满期待。这次活动不仅让幼儿学到了新技能,还增进了他们之间的合作与交流。

图 5-12　幼儿剪纸

教师反思:此次围绕幼儿自己的发现展开四方连续剪纸活动,让我看到他们强烈的好奇心和探索欲。首先在引导幼儿观察四方连续剪纸方法时,可以更加细致地讲解每一个步骤的要点,例如对折的准确位置和剪纸时的注意事项等。其次,在幼儿尝试的过程中,应关注连接的地方,帮助遇到困难的幼儿掌握避免剪断的方法。

(三)创意十二生肖剪纸故事书

幼儿围坐在桌前,手中拿着剪刀和彩纸,继续剪纸活动,用镂空、对称和四方连续的方法来剪出十二生肖的故事。接下来,在我们的讨论中,图图边剪边兴奋地说:"我要剪小老鼠,小老鼠最机灵啦,它会偷偷溜进厨房,找到好多好吃的。"不一会儿,一只可爱小巧的小老鼠就出现在纸上。川川接着说:"我剪老牛,老牛很勤劳,每天都在田里辛苦地干活,帮助农民伯伯种出好多粮食。"随着剪刀的咔嚓声,一头壮实的老牛跃然纸上。"我剪大老虎",希希大声说道,"大老虎可威风了,它在森林里走来走去,保护着其他小动物。"幼儿们一个接一个地剪着十二生肖,边剪边讲述着属于每个生肖的故事。小兔子在草地上欢快地蹦跳,小龙在天空中自由地翱翔,小蛇在草丛中神秘地穿梭⋯⋯

生肖都剪好了,我们一起装订成一本独一无二的十二生肖剪纸故事书。幼儿围拢过来,看着这本充满创意的故事书,脸上洋溢着幸福的笑容。

图 5-13　幼儿呈现剪纸作品

教师反思：在此次精心策划的活动中，幼儿不仅显著提升了手部的精细动作协调能力，还卓有成效地锻炼了语言表达能力。故事的巧妙引导，激发了他们无限的创作热情。幼儿在欢声笑语中，巧妙运用剪纸技艺，使生肖小动物的形态栩栩如生，各具风采。此番经历深刻印证了"兴趣是最好的老师"这一教育理念，启示我们为幼儿提供更多广阔的创作空间与宝贵机会，以更好地挖掘并释放他们的无限潜能。

三、总结与反思

（一）剪纸活动的系列故事浸润传统文化

本课程紧扣生肖剪纸主题，幼儿深入探究十二生肖的故事，不仅知晓传说来历以及与生辰的紧密关系，在原有剪纸经验水平基础上，进一步熟练掌握多种剪纸方法，如镂空花纹装饰、对称剪和四方连续剪等，不仅提升动手操作能力，也激发幼儿创造的兴趣，剪纸作品在观察与创作中增添更多灵动的元素。

此活动成功激发幼儿对传统文化的深厚热爱与强烈探索欲望。在了解生肖文化和剪纸艺术这一传统技艺的过程中，民族自豪感油然而生，剪纸活动为孩子们提供交流与合作的平台，在创作过程中互相交流经验、彼此帮助，共同分享创作的喜悦。当幼儿凭借自己的努力成功剪出作品时，那种由衷的喜悦不仅增强他们的自信心，也使他们体验到剪纸带来的快乐和成就感，为他们未来的学习与成长注入了强大动力。

（二）传统文化课程理念引领有效的师幼互动

根据幼儿在剪纸活动中的表现进行深入反思，关注幼儿的兴趣点和问题及时给予推动探索的机会和支持，认识到应提供范例引导幼儿发现布局规律和对称重复排列规律，让幼儿自主解决剪纸过程中遇到的问题，也能让幼儿充分讨论并多次激发对剪纸的兴趣，注重引导幼儿自主发现问题并探索尝试四方连续剪纸中的步骤要点。活动中虽有引导，但个别指导不够及时，如四方连续剪纸时部分幼儿遇到困难未能快速得到帮助，缺乏对剪纸文化内涵的深入讲解，这些教师的反思，恰是后续课程深入及生成课程的教育契机。

（三）传统剪纸文化课程延伸张的创新再实践

剪纸活动对幼儿学习发展意义重大，教师应把握教育契机，给予有力支持。幼儿遇困时，教师引导其观察、思考并尝试不同方法，培养解决问题能力。可组织多样剪纸活动，如小组合作、亲子剪纸，通过展示分享促进幼儿互相学习，提升合作与社交能力。幼儿对传统文化表现出兴趣时，教师可开展相关主题活动，如参观剪纸展览、了解剪纸历史，加深其对传统文化认知，唤起对传统手工和非遗文化的热爱，让他们在生活中发现更多美好，助力幼儿全面成长。

·小班游戏案例·
好玩的纸

一、活动背景

报纸是我们日常生活中非常常见的一种物品,几乎在每个家庭中都能看到它的身影。幼儿们对报纸并不陌生,他们常常能看到大人们在闲暇时阅读报纸,获取各种信息。有时候,幼儿也会利用报纸做一些简单而有趣的小手工,比如将报纸折成各种形状,或者卷成小纸棒,用来装饰教室的角落。报纸不仅是一种非常实用的阅读材料,同时也是一种非常好的手工材料。

小班的幼儿们正处于一个对世界充满好奇、探索欲旺盛的阶段。他们喜欢通过触摸、摆弄各种物品来感知周围环境,从而更好地了解这个世界。虽然他们的手部小肌肉动作还在发展中,但他们已经能够进行一些简单的撕、贴等动作。他们的思维更具直观性,生活经验相对较少,但想象力丰富而独特。基于环保的理念和充分利用废旧物品的考虑,我在班级的操作区域投放了大量的废旧报纸。为了让幼儿有更多的创作空间,还准备了其他辅助材料,如纸绳、废旧羽毛球等。这些材料可以与报纸结合,创造出更多有趣的手工作品。

二、活动内容与过程实录

(一)报纸真有趣

星期一上午,班级王老师正在用报纸擦玻璃,报纸在王老师的手中变幻出各种各样的形状,这吸引了正在路过的孩子们,他们的目光瞬间都朝向这边看过来。"你看老师手里的报纸像不像一条短裙?""我觉得像一颗菜花。""像棉花糖!""不对不对,像小汽车"……哈哈,各种各样的奇思妙想从幼儿的小脑袋里迸发了出来。看到幼儿对报纸产生了如此浓厚的兴趣,我决定抓住这一契机,让幼儿开展一次关于报纸的手工制作。"孩子们,如果给你一张报纸,你最想用它做什么呢?"我问道。"我想做一碗面条。"果汁说。多宝说:"我要用报纸折一架纸飞机!"我拿出了准备好的报纸,剪刀,胶棒……放在了桌子上,幼儿拿起来制作。

图 5-14　幼儿尝试剪纸

教师反思:兴趣萌发阶段以幼儿的自主活动为主,尊重每个孩子的独立性,自主性。

教师不必做过多的干预,此时教师的角色应当以观察者为主。对于幼儿的兴趣点以及在该年龄段动手操作能力的情况保持观察和记录。

在最初的阶段我始终遵循着幼儿的意愿,放手让他们去思考,去制作。兴趣就是最好的老师,在他们最感兴趣之初让幼儿大胆探索,切身感受到报纸带来的无限乐趣和多种玩法,我认为这是十分必要的。在这时教师除了为幼儿提供一个安全合理的创作环境的同时,丰富多样、种类齐全的材料也是十分必要的,让幼儿在尽可能充足的条件下发挥自己的想象力与创造力。

(二)多彩的面具

区角活动开始了,孩子们投入愉快的活动中。康康、乐乐、艾米今天选择了他们一直非常感兴趣的美工区。

康康:"今天的美工区多了好多的报纸呀。"这时乐乐拿起一张报纸,在上面撕了两个位置靠得比较近的洞洞,并向同伴展示到:"看,我做的望远镜。"

"我觉得挺像眼镜的,哈哈!""对呀,望远镜和眼镜都是两只眼睛"。"我们也做望远镜吧!"说着,康康直接动起手来,他在报纸上面用小手撕出了两个小洞,然后将报纸盖在了脸上。"这样就像一个面具!"艾米看到后马上说,"我也可以!"说完她也拿起了一张报纸,很快就撕好了两个洞洞,说:"洞洞也不够圆,两个洞洞也不一样大,不好看。"

这时,乐乐听到艾米的话,凑过来看了看,说:"没关系呀,我的也不圆呢,不过还是能当望远镜玩。"说完,他拿着自己的"望远镜"开始四处张望,嘴里还念叨着:"我看看那边有什么。"

康康则把脸上的报纸拿下来,看着自己撕的洞洞,想了想说道:"那我再撕撕,把洞洞弄圆一点。"于是,他又开始小心翼翼地撕起来,可是撕了几下,洞洞变得更大了,他有点着急地说:"哎呀,怎么变大了?"

艾米没有放弃,她继续尝试着撕洞洞,一边撕一边说:"我要撕一个圆圆的洞洞。"过了一会儿,她终于撕出了一个相对比较圆的洞洞,高兴地叫起来:"我成功啦!我撕了一个圆洞洞。"然后她把报纸放在眼前,对康康和乐乐说:"你们看,我的这个像不像真的眼镜。"

康康和乐乐围过来,看着艾米的"眼镜",纷纷点头说:"像,真像。"

这时,教师走了过来,看到孩子们在玩撕报纸做"望远镜"和"眼镜"的游戏,笑着说:"你们做得真不错呀,都很有创意呢。那我们想一想,除了做望远镜和眼镜,这些报纸还能做什么呢?"

孩子们听了教师的话,都开始思考起来。康康说:"可以做帽子。"乐乐说:"还能做小船。"艾米说:"能做扇子。"

教师鼓励道:"那你们试试看,能不能用报纸做出你们说的这些东西呀?"孩子们兴奋地答应着，又开始投入新的创作中。

图 5-15　幼儿手撕洞洞纸

教师反思：教师应给予幼儿充分的支持和鼓励，肯定他们在活动中的积极表现和创意。当幼儿成功撕出洞洞或做出自己满意的作品时，教师及时的表扬和肯定可以增强他们的自信心和积极性。可以通过提问、引导等方式，激发幼儿更深入地探索报纸的玩法。如当孩子们完成"望远镜"和"眼镜"的制作后，教师提出"除了做这些，报纸还能做什么呢？"的问题，引导幼儿拓展思维，进一步发挥他们的想象力和创造力。提供一些相关的材料或工具，如剪刀、胶水、彩笔等，让幼儿有更多的选择和尝试。

（三）巧手剪窗花

星期三的早晨，阳光透过窗户洒在教室里，区角活动马上就要开始啦。孩子们像一群欢快的小鸟，围在我身边，迫不及待地问我："老师，今天我们要跟报纸玩什么游戏呀？"他们的眼睛里闪烁着好奇的光芒，充满了期待。

我神秘兮兮地拿出一张剪好的窗花，在他们面前晃了晃，故作神秘地问："这是什么呀？"小朋友们一下子被吸引住了，纷纷围过来，小脑袋凑在一起，眼睛睁得大大的，仔细地看着。

"哇，好漂亮啊！"一个幼儿忍不住叫了出来。

"这是怎么弄的呀？"另一个幼儿好奇地问。

他们你一言我一语，讨论得热火朝天。有的小朋友还不太会折，旁边的小伙伴就主动帮忙，小手轻轻地握住报纸，耐心地教着："像这样，先对折，再对折……"

在制作的过程中，幼儿全神贯注，小手拿着剪刀，小心翼翼地剪着报纸。虽然他们的动作还不太熟练，但是那份认真劲儿让人感动。有的小朋友不小心剪坏了，有点着急，但是在小伙伴的鼓励下，又重新开始。

经过幼儿小巧手的加工制作，形态各异、丰富多样的窗花被创造了出来。有像小兔子的，有像花朵的，还有像星星的……每一个都充满了童趣。

"小小报纸用处可真多，真是太有趣啦！"幼儿都忍不住感叹道。

"下次我们还要用报纸做出更多好看又好玩的作品和玩具！"他们一边说着，一边想象着下次的创作，眼睛里充满了对下一次活动的期待。整个教室里充满了幼儿的欢声笑语,仿佛变成了一个欢乐的童话世界。

图 5-16　幼儿展示作品

教师反思:幼儿经过努力,制作出了形态各异、丰富多样的窗花,这些作品充满了童趣和想象力。这表明小班幼儿虽然年龄小,但内心世界丰富多彩,具有一定的创造力。在没有过多成人干预的情况下,他们能够根据自己的想法和对事物的理解,用简单的报纸创造出独特的作品,这是非常值得鼓励的。

三、活动的特点及价值所在

(一)兴趣和问题的捕捉是关键

该游戏主题是幼儿在自主交流中发生的,在玩法和材料的准备与使用上,教师充分尊重了幼儿的自主性,密切关注幼儿的游戏过程,在适当的时候提供支持与帮助,让幼儿充满信心与探索的欲望。幼儿也发展了观察操作技能和艺术领域的认知,不断的操作与尝试培养了他们坚持、迎难而上的学习品质。小组形式的探究形式,也让幼儿体会到了团队的力量,在享受成功喜悦的同时也进一步增进了同伴间协商合作的能力。

游戏更多地关注幼儿的兴趣,以幼儿为主体,将游戏内容决定权交给幼儿。教师适当的引导,给孩子以足够的发展空间,充分体现幼儿的主体地位和教师的主导作用。教师努力做一个发现者,发现玩法独特的幼儿,并让他们在集体面前展示,及时肯定他们的创意,以启发其他幼儿思考。除了捕捉幼儿有创意的玩法外,还组织幼儿体验同伴的玩法.唤起幼儿的创造热情。幼儿在活动中表现得都很积极,他们主动地、快乐地参与活动,在自主游戏中既满足了与同伴交往的需要,也有利于培养创新、想象、创造、动手、交流、协作的能力,更培养了发现问题和解决问题的能力。能够利用废旧报纸自创游戏,做到了一材多用。

(二)丰富的材料和教师的引导是必要的支撑

"游戏材料的提供,对幼儿起着游戏暗示的作用,刺激幼儿选择了某种游戏方式,表现出不同游戏行为,间接地对幼儿的发展产生作用。低结构材料更有助于幼儿进行发散思维,幼儿在使用高结构材料时更多的是模仿,在使用低结构材料时较多的是创造。"由此可见,游戏材料的提供决定了幼儿与材料互动的质量,也决定了游戏的质量。

在《3～6岁儿童学习与发展指南》中突出强调的教育理念:幼儿是积极主动的学习者,我们应该尊重幼儿学习的方式和学习的特点。在整个活动中,教师主要充当的是观察者的角色。在肯定和鼓励的同时,教师还可以进一步给予支持。在幼儿出现问题时,教师给予了幼儿充分的时间和空间让孩子自己解决问题。当幼儿真正需要帮助时,教师能够适时介入。遇到困难时,教师的一句提示,引导幼儿找到了继续探究的方法。简单的"提问",激发了幼儿的挑战欲望,使他们的探究能力得以充分地被挖掘。

(三)在游戏中促进幼儿多方面的发展

发展了幼儿的操作技能和认知。在一周动手尝试和操作体验中,幼儿通过多次的观察、对比、利用报纸进行撕贴、裁剪、加工,做出赏心悦目的作品的同时,很大程度上通过实际的操作锻炼,发展了他们的动手能力,每一次思考都是一次进步,每一次探究都是对认知的一种提升与完善。

培养幼儿主动探究、坚持等学习品质。通过观察我发现,当幼儿经历了失败后,能够勇敢地面对,不轻易放弃,学会从失败中学习经验,这种"敢于探索和尝试"的学习品质值得称赞。他们具有敏锐的观察力和思维力,能通过自己的观察发现问题,并尝试解决问题。整个探索过程可以看出,孩子的头脑里有非常清晰的概念和思路。在同伴的互相带动下,大家一起进行探索,相互鼓励,相互支持,不断探索掌握对称性的方法,为了使面具制作得更加形象美观,他们进行了"尝试—总结—再操作"的过程。

· 中班游戏活动 ·
好玩的剪影

一、活动背景

《3～6岁儿童学习与发展指南》中明确指出要激发幼儿的好奇心和探究欲望,发展幼儿的观察力和想象力。中班"好玩的剪影"游戏活动以独特的剪纸艺术形式结合中班幼儿年龄特点,为幼儿带来精彩的探索体验。游戏活动中,多种颜色的彩纸、安全剪刀、手电筒和白色幕布等材料,这些不仅满足了幼儿对色彩和形状的探索需求,还通过动手操作促进了他们的精细动作技能发展。环境的创设考虑到了减少外界干扰并清晰地展示影子的需要,这样有利于幼儿集中注意力观察光影的变化,激发他们对自然科学现象的好奇心和探究欲。同时,通过移动手电筒或调整剪纸的位置来观察影子的变化,幼儿能够直观地感受到光与影的关系,从而培养观察力和思维能力。整个游戏过程鼓励幼儿自由表达和创造,无论是剪出各种形状还是组合成大型的影子场景,都体现了艺术感受与创造的教育目标。这种寓教于乐的方式不仅丰富了幼儿的学习体验,也通过小组合作的方式,让幼儿在游戏中学会了分享、交流和协作,有助于提升他们的社会交往能力和团队精神。

二、活动内容和过程实录

(一)我的剪纸影子真有趣

活动开始,老师给幼儿分发了彩色纸张、剪刀等工具。幼儿利用剪刀将各种彩色纸剪出各种形状的图案,有可爱的小动物、美丽的花朵、不同的形状,等等。当幼儿把剪纸作品放在桌上时,偶然间发现了旁边出现的神秘影子。

图 5-17 幼儿制作剪纸

"哇,这是什么呀?"亮亮惊讶地叫起来。

"好像是我们剪纸的影子呢。"晓宇歪着脑袋说。

这一发现瞬间点燃了孩子们的好奇心。他们开始探索影子的秘密。轻轻移动剪纸,影子也跟着动起来,就像一个调皮的小伙伴在和我们捉迷藏。

"看,影子跟着我的剪纸跑啦。"乐乐兴奋地喊着。

"哈哈,我的也是。"小美笑着回应。

幼儿尝试把剪纸靠近窗户,影子变得更加清晰;远离窗户,影子则渐渐模糊。我们还尝试转动剪纸,影子也会随之转动,真是太神奇了!

在教师的引导下,幼儿明白了影子产生的原因和条件,幼儿继续探索,用手电筒从不同角度照射剪纸,影子的大小、形状和清晰度都发生了变化。幼儿沉浸在探索影子秘密的乐趣中,这个小小的剪纸影子游戏,让他们感受到了大自然的奇妙和科学的魅力。

教师反思:在这次剪纸影子游戏活动中,幼儿展现了强烈的好奇心和探索欲望,从最初发现剪纸影子的那一刻起,他们的眼睛里就闪烁着惊喜的光芒。

在探索影子秘密的过程中，幼儿通过自己的尝试和实践，发现了影子会随着剪纸的移动、靠近窗户或远离窗户、转动以及多个剪纸组合等情况而发生变化。他们的对话充满了童真和思考，这也让我看到了幼儿在自主探索中所获得的成长。

这次剪纸影子游戏活动不仅让幼儿在游戏中学习到了科学知识，提高了他们的动手能力和思维能力，也让我对如何更好地开展幼儿教育活动有了新的认识和思考。

（二）彩色剪纸的影子是黑色的

幼儿用彩色剪纸制作出了各种漂亮的图案，当他们发现彩色剪纸的影子投射在地上是黑色的。他们很快就产生了疑问：彩色剪纸的影子为什么是黑色的呢？于是，一场关于影子颜色的探索之旅开始了。

图5-18　幼儿探索剪纸影子的秘密

鹏鹏："我的剪纸是红色的，为什么影子是黑色的呢？"

乐乐："对啊，我的是蓝色的剪纸，影子也是黑色的。"

晓宇："是不是影子只能是黑色的呀？"

孩子们围在一起，纷纷观察着彩色剪纸和它们的影子。

鹏鹏："我们用手电筒照照剪纸，看看影子会不会变颜色。"

大家立刻用手电筒对着不同的彩色剪纸照射。然而，影子依然是黑色的。

亮亮："那我们再试试用不同颜色的光来照。"

孩子们又找来了彩色的玻璃纸，放在手电筒前，试图用彩色的光照射剪纸。可是，影子还是黑色的。

教师看到孩子们如此积极地探索，便加入了他们的讨论，引导幼儿发现影子是黑色的。

教师反思：在这个游戏案例中，幼儿对彩色剪纸的影子为什么是黑色的问题表现出了浓厚的兴趣和强烈的探索欲望。他们通过自己的尝试和思考，不断地寻找答案。

作为教师，我很欣慰看到孩子们如此积极主动地学习。在这个过程中，我及时给予了他们引导和支持，帮助他们更好地理解影子的形成和颜色的原理。同时，我也意识到，幼儿的好奇心是他们学习的动力源泉。我们应该善于发现幼儿的兴趣点，为他们提供更多的探索机会，让他们在实践中学习，在探索中成长。

（三）影子大怪兽

在一次充满创意的幼儿园活动中，教师为幼儿带来了剪纸和手电筒，开启了一场奇妙的影子大怪兽之旅。幼儿拿到各种颜色的纸和剪刀后,纷纷发挥自己的想象力,剪出不同的形状,有圆形、三角形、正方形等。

图 5-19 幼儿玩影子大怪兽的游戏

当幼儿开始尝试将这些剪纸形状组合在一起时,神奇的事情发生了。他们用手电筒一照,幕布上出现了各种奇特的影子。"哇,看我的,我把三角形和圆形放在一起,像一个奇怪的帽子。"家明兴奋地说。"我的更好玩,我把正方形和三角形组合,像一个小房子。"包包也不甘示弱。幼儿一边摆弄着剪纸,一边热烈地讨论着。"我们多放几个形状,看看能变成什么。"彤彤提议道。"好呀,好呀。"大家纷纷响应。不一会儿,幕布上出现了一个复杂的影子,孩子们七嘴八舌地猜测着。"这像一个大怪兽。"小莉说。"不对,是一个超级大机器人。"小宇反驳道。"哈哈,不管是什么,都好有趣。"小美笑着说。他们继续尝试不同的组合,创造出更多奇妙的影子,教室里充满了欢声笑语。

教师反思:这次影子大怪兽的游戏活动给幼儿带来了无尽的欢乐和惊喜。首先,这个活动充分激发了孩子们的想象力和创造力。他们通过自己的动手操作,将简单的剪纸形状组合成各种意想不到的影子,展现了丰富的想象力。在这个过程中,幼儿不仅锻炼了手部精细动作,还培养了对空间和形状的认知能力。其次,幼儿之间的对话和互动非常积极。他们在合作中分享自己的想法,互相启发,共同探索。这不仅促进了幼儿的语言表达能力和社交能力,还让他们学会了倾听和尊重他人的意见,在快乐中学习和成长。

三、总结与反思

(一)充满趣味与探索,激发好奇心

游戏将幼儿喜爱的剪纸和影子巧妙结合,趣味性强。幼儿可以剪出各种形状的剪纸,观察光线下神奇的影子,移动手电筒或剪纸创造不同效果,在探索中感受光影魅力,激发强烈的好奇心和探索欲望。这一过程不仅能让幼儿在游戏中获得乐趣与惊喜,还为

他们在科学领域的探索埋下种子。

（二）易操作强锻炼，提升多能力

操作性强是该游戏的显著特点。幼儿亲自动手剪纸和操作手电筒，体验光影变化。剪纸活动锻炼手部精细动作和手眼协调能力，操作手电筒则帮助了解光的传播和影子形成原理。简单易得的材料和易掌握的操作方法，适合中班幼儿的年龄特点和发展水平，有效提升幼儿的动手和操作能力。

（三）合作交流共创作，培养好品质

以小组为单位进行的游戏，合作性好。幼儿互相合作、轮流操作，培养团队合作精神和社交能力。在合作中交流分享想法经验，共同创造有趣影子效果，学会倾听和尊重他人意见，提高沟通协调能力。同时，在艺术创作中，剪纸激发幼儿的想象力和创造力，影子又为艺术创作提供新灵感，锻炼审美和艺术表现力。

（四）遵守规则重责任，养成好习惯

剪纸影子游戏活动还培养幼儿的规则意识和责任感：遵守游戏规则，轮流操作材料工具；活动中的剪纸碎屑放到垃圾筐里；结束后整理材料工具，保持游戏区域整洁有序。这有助于幼儿养成良好的规则意识和责任感，提高自我管理能力。

总之，好玩的剪纸影子游戏是一个充满创意和趣味的活动，在多个方面促进幼儿的发展，为他们的童年留下美好回忆。

·大班游戏案例·
我的西游剪纸之旅

一、活动背景

好玩是幼儿的天性，大班幼儿的小肌肉动作发展得更加成熟，他们更喜欢剪多变、好玩的作品。每当经过美工活动区，总会有幼儿拿着剪好的作品向我展示。他们已经能够手眼协调地剪出流畅的曲线，掌握了基本的剪纸符号：圆形、月牙形、三角形等。在"我的西游世界"主题活动背景下，幼儿萌发了自己剪西游记人物的愿望。于是教师精心准备了玩教具材料投入美工活动区内，包括幼儿剪刀、专业尖头剪刀、多种颜色、材质的纸张等基础材料。同时提供了西游记人物图片和孙悟空、猪八戒等对称剪纸提示图支持幼儿的探索学习，鼓励幼儿大胆创作自己的独特剪纸作品。为营造更加浓厚的传统文化氛围，教师还对活动环境进行了精心布置，将走廊的墙饰更换为十二生肖的剪纸作品，让幼儿在日常生活中就能感受到剪纸艺术的魅力。

图 5-20　剪纸环境创设激发幼儿兴趣

二、活动内容与过程实录

（一）妙趣横生的西游脸谱

梓奕拿起《西游记》的图画书，认真观察起孙悟空的图片。只见他用一张白纸遮住了孙悟空的一半脸观察了一阵后，拿起画笔对照着挡住的那半脸设计着自己的样稿，最终沿线把孙悟空的脸剪了下来。当他要剪孙悟空的五官时，发现普通的幼儿剪刀很难进行镂空。观察到这点后，我在游戏分享环节向幼儿展示了专业的尖头剪纸剪刀，并分享了使用专业剪刀的安全性原则和注意事项。

第二天梓奕邀请丫丫来到美工区，他们又拿出了孙悟空的剪纸提示单仔细观察起来，但迟迟没有行动。我走近询问缘由，梓奕说："我昨天照着他画了，但是我觉得不好看，我想自己画但我不会。"于是我引导幼儿仔细观察孙悟空的脸上都有什么，他们是什么形状的。后来两个人将孙悟空的脸沿着轮廓剪下来后梓奕对我说："老师，我想用那把尖头的剪刀可以吗？我在家用过这种大人的剪刀。"于是我在他的旁边认真地关注着他的手部动作，只见他小心翼翼地沿着已经画好的五官剪了起来。分享环节时梓奕提议将这些西游脸谱放到表演区，于是我将这些剪纸脸谱过塑放到了表演区，幼儿对它们可是爱不释手。

图 5-21　幼儿沿线剪纸

教师反思：幼儿在制作西游脸谱的过程中能够仔细对照图片素材，在教师的引导下认真观察人物的脸部特征，尝试自己画样稿，力求形象，例如孙悟空的特点是圆脸、半圆形的耳朵、像数字 3 一样的发边际等，并用相应的线条画在自己的样稿上，最后添加一些发箍等装饰就成功了。孩子们在边玩边试的过程中发现，只要在自己剪的作品稍微加工一下就能使作品变得生动起来。大班幼儿具有较强的独立性和自主性。幼儿不再满足于模仿,而是有强烈的自我表现欲望,渴望通过自己的创作来展示独特的想法和能力,反映出他们在认知和创造力方面的不断发展。之后他们又戴上自己亲手制作的脸谱参加"大话西游"区域表演活动,这下他们的剪纸兴趣就更高涨了。

(二)十二生肖挑战台

提供在美工区的"隐形老师"——剪纸提示单,逐渐地被更多的孩子们所关注。一天豚豚对照提示单剪了一个猴头人身的作品,他骄傲地对好朋友说:"你们快来看看,我剪的猴哥可以站起来打妖怪!"其他幼儿纷纷挤过来看,向他投来羡慕的目光。政政则说:"可是你剪的猴哥都没有尾巴,而且身体也没有用漂亮的图案装饰。我也剪个猴哥肯定比你的更帅。"说完,他就拿起笔开始画猴哥样稿了。

图 5-22　幼儿展示自己的十二生肖剪纸作品

幼儿已经不满足于剪动物的脸谱了,他们想挑战更有难度、更具造型感的动物形象。于是我设计出"十二生肖挑战台"的展示版,鼓励幼儿积极挑战成为"剪纸高手",并提供了各种对称剪、不对称剪的十二生肖作品图片。随后我发起了"剪纸高手我来当"的挑战活动,并向幼儿说明了挑战规则:在每个生肖下都有一个"挑战台",如果形象完整美观的话就可以登上"挑战台",其他人可以向他挑战。如果谁的三张剪纸作品登上了"挑战台",他就可以获得"剪纸高手"的称号。之后每天的剪纸区都深受幼儿的喜爱,区角活动结束总是有幼儿拿着作品向我展示,就这样兔子、小猴、老虎等许许多多可爱的剪纸作品被展示在了"挑战台"上。看着琳琅满目的剪纸作品,幼儿的心中充满了欢喜与自豪。

教师反思:大班孩子富有挑战、竞赛的心理,教师通过创设富有挑战性的环境去激发幼儿不断地尝试、挑战,以保持对于剪纸的兴趣。通过设计"十二生肖挑战台",鼓励幼儿积极挑战成为"剪纸高手",不仅锻炼幼儿精细动作的灵活性,提高幼儿的空间想象力和构图能力。还可以用不同的方法来进行剪贴,培养幼儿的成就感和自豪感。

(三)我的西游剪纸故事书

在"十二生肖挑战台"的吸引下幼儿对剪纸的兴趣更加浓厚了。同时我发现教已经不能满足幼儿"求剪"的欲望了。于是我告诉幼儿:"老师也有很多不会剪的东西,真正的剪纸高手在书中、在更多的作品中。我们要向它们学习、向他们挑战。"听了教师的话,幼儿脸上流露出自豪的表情,豆丁悄悄地对旁边的喜乐说:"那我们跟老师是平手了。"

千语说:"老师我们可不可以自己做故事书?"慧慧说:"对!我们可以做一本剪纸故事书。这样我们就可以在吃完饭的时候跟好朋友一起欣赏了。"聆听幼儿的想法后教师为他们提供了《西游记》系列的图画书、视频、图片等供幼儿观察欣赏。

到了区角时间,慧慧邀请千语到美工区剪图画书,"我们一起剪猪八戒吃西瓜的故事吧。"千语点了点头。"我昨天已经剪了西瓜,你想剪什么?"千语想了想说,"我剪孙悟空吧。""那我剪猪八戒。"商量后孩子们立即开始了制作。她们先对照着剪纸提示单上猪八戒、孙悟空的样子在纸上画了下来,接着画上了不同的花纹,在沿线剪的过程中十分认真仔细。慧慧又提议多剪些大西瓜馋一馋猪八戒,于是两人又忙活了起来。最后两人将剪好的内容粘贴在了空白的纸张上,高兴地邀请我拍照留念,并对我说:"老师,这个作品先放在你那里,我们明天还想剪其他的西游故事,到时候我们一起用订书机钉起来就是一本剪纸书了。"我立即表达了肯定并在游戏分享环节中鼓励更多的幼儿进行主题剪纸作品尝试,并且可以改编故事的内容,使剪纸西游的旅途更加丰富有趣。

图 5-23　幼儿围绕故事创作剪纸作品

教师反思:大班幼儿喜欢尝试、乐意挑战,梦想成为活动的主人。以往都是幼儿看、读大人写的书,对于由自己设计"我的西游剪纸故事书"的建议激起了幼儿强烈的剪纸愿望。教师提供一些他们耳熟能详、故事场景清晰、人物简单的内容供他们选择。幼儿能根据故事主要的人物、情节,设计剪纸样稿编排故事小书。充分利用边角料动手动脑剪出自己需要的作品。幼儿边剪边说,他们的口语表达能力也进一步提高了。

三、总结与反思

(一)剪纸游戏进阶,幼儿快乐成长

幼儿从简单的对称剪开始,逐步过渡到复杂的西游脸谱、十二生肖挑战以及主题性剪纸故事书的制作。这种层次分明的难度设置既符合幼儿的认知发展规律,又能够持续激发他们的学习兴趣和挑战欲望。通过不断提升难度,幼儿的手眼协调能力、观察力和创造力得到了有效的锻炼和提升。本次活动采用了游戏化的学习方式,将剪纸活动融入各种有趣的游戏挑战中。如"十二生肖挑战赛""西游剪纸小书制作"等游戏环节,不仅增加了活动的趣味性和互动性,还让幼儿在游戏中学习、在游戏中成长。

(二)丰富资源助剪纸,个性指导促成长

教师为幼儿提供了包含不同难易程度的剪纸提示单等丰富的材料资源,满足了他

们多样化的创作需求。通过更换环境创设等方式为幼儿营造了一个浓厚的传统文化氛围和良好的学习环境。同时,根据幼儿的创作进度和兴趣点及时调整材料投放,确保了活动的持续性和有效性。过程中教师注重观察每个幼儿的创作过程和作品特点,针对他们的不同需求和兴趣点给予个性化的指导和支持。

(三)多方协作促剪纸,共助幼儿成长

在未来教师也需要进一步加强与家长的沟通和合作,鼓励家长参与进来,共同见证和记录幼儿的成长过程。如邀请家长观看幼儿的剪纸作品展览、参与剪纸故事书的制作等,增强了家园之间的沟通与合作,便于形成良好的教育合力,促进幼儿的全面发展。其次教师可以尝试将剪纸活动与其他领域的教育内容进行整合,如结合语言领域的故事讲述、社会领域的角色扮演等游戏环节,形成跨学科的综合教育活动。此外,社区中蕴含着丰富的教育资源,如文化场馆、手工艺人等。在未来的活动中,教师可以尝试利用这些资源开展剪纸主题的社会实践活动。如组织幼儿参观剪纸博物馆、邀请剪纸艺人来园指导等,让幼儿在更广阔的天地中学习剪纸艺术、感受传统文化的魅力。

(四)剪纸传承文化,创新成就未来

本次游戏活动中幼儿亲手实践剪纸艺术,不仅近距离感受到传统文化的魅力,还激发了他们对民族文化的认同感和自豪感。同时,鼓励幼儿在掌握传统剪纸技巧的基础上进行创新,创造出具有个人特色的剪纸作品,体现了文化传承与创新并重的教育理念。传统文化意蕴悠长,让我们以未来视野传承经典文化,以诗意教育成就幼儿的美好人生!

> ·小班生活案例·
> # 越剪越勇敢

一、活动背景

小二班的幼儿刚来到新班级两个月,对幼儿园里的各项活动充满了好奇。户外场地上的迷宫箱、轮胎秋千、滚筒,班级里益智区里的有趣的串珠子、娃娃家里的各种小玩具,以及美工区的漂亮剪纸、趣味的手工等等,对孩子充满诱惑力。可是我们发现有些幼儿在面对新的游戏、新的技能、新的尝试,或者遇到突发的困难时手足无措,会用哭的形式来宣泄自己"畏难"的情绪,以期望得到他人的帮助,表现得很消极,常常以"我不会啊""我又没做过""我不想做"为理由不愿去尝试。

随着秋季的脚步悄然临近,幼儿园的教师们以"秋日童话"为主题,精心策划并开展了一系列丰富多彩的剪纸活动,通过手中的剪刀和五彩缤纷的彩纸,剪出秋天的树叶、丰硕的果实、活泼的小动物等元素,共同编织一个关于秋天的美丽故事。同时也希望

以此为契机,引导幼儿学会面对困难时,不恐惧害怕,知道不能用哭的方式解决问题,体验成长的喜悦。

二、活动内容与过程实录

(一)初遇挑战,情绪起伏

第一天的活动开始啦!一群充满活力的小朋友们兴高采烈地领取了材料包,迫不及待地想要开始体验剪纸的乐趣。小明,一个平日里总是精力充沛、活泼好动的小女孩,在这一刻也展现了不同寻常的专注。她决定挑战自己,给小狮子"剪头发"。小明小心翼翼地拿起剪刀,纸上的图案线条,开始细心地剪裁。在小明全神贯注地进行创作时,一个失误悄然降临。由于手部的颤抖——这或许是紧张、或许是期待过甚的结果——她不慎将狮子的头发剪下了一大块。那一刻,时间仿佛凝固了。小明愣住了,她手中的剪刀悬在半空,眼神中充满了难以置信与深深的失落。原本完美无缺的作品此刻却残缺不全,手中的作品不再完美无瑕,那份期待已久、梦寐以求的成果瞬间化为泡影。小明的心情从云端跌落至谷底,笑容迅速从脸上褪去,取而代之的是一副沉重的表情。她的眼眶开始泛红,泪水在眼眶中打转,仿佛随时都会决堤而出。

图 5-24 幼儿尝试剪线

教师反思:《尚书》有"心之忧危,若蹈虎尾,涉于春水",其意思是,对待各种事情,心中怀有畏惧之感,就像踩着老虎的尾巴一样畏惧,像走在春天即将融化的冰面上一样战战兢兢。这样的恐惧心理一旦形成,幼儿往往会怀疑自己的能力而不敢甚至不能表现自己的能力,这样一来,本来经过努力可以达到的目标,他们也会因自我设限,认为自己不行而放弃追求。这种消极的心理是非常不利于幼儿的身心发展的,会严重影响幼儿的健康成长。

(二)情绪引导,接纳情绪

班主任教师注意到了小明情绪上的波动,于是轻手轻脚地走到小明的座位旁,用充满关怀的声音轻声问道:"小明,你看起来有些不对劲,是不是碰到了什么难题?"小明低垂着头,声音微弱地回答说:"我把狮子的头发剪坏了,它现在看起来不漂亮了。"老师轻轻地抚摸着小明的头发,用安慰的语气对他说:"别担心,小明,每个人在学习新事物的时候都可能会遇到一些挫折。你看,这只小狮子虽然耳朵短了一些,但它依然有它自己的魅力。而且,这次的失误其实是一个很好的学习机会,我们可以从中吸取教训,下次再尝试的时候就能避免犯同样的错误了。"为了帮助小明重新找回他的自信,老师提出了一个建议,拿一张图案纸,再剪一次。

在老师和小朋友的不断鼓励和支持下,小明鼓起勇气,再次拿起了剪刀。这一次,他比之前更加专注,也更加小心翼翼地进行着每一个步骤,一只既独特又可爱的小狮子终于呈现在大家面前。小明看着自己亲手制作的这只小狮子,脸上不禁露出了满意的笑容。

活动结束后,老师抓住这个机会,给孩子们讲了绘本《勇气》,这本绘本将抽象的勇气转化成容易理解的例子;用优美的语言和活泼的画面,教孩子用勇气面对未知的下一刻:勇气是骑自行车不再装辅助轮,是把自己的棒棒糖留下一根等到明天再吃,是向陌生人问好,是勇于尝试不喜欢的蔬菜……以及在剪纸中剪坏了一个作品,再重新剪一个。

讲完绘本后教师组织幼儿开展分享会引导全班的幼儿一起参与讨论:"大家在剪纸或者其他手工活动中有没有遇到过什么困难?你们是怎么克服这些困难的?"并以此组织了一次情绪分享会,邀请小明和其他在剪纸上遇到困难的小朋友一起上台分享。这时莉莉说:"这个小狮子真神奇呀,看到他我就不害怕了。"奇奇说:"对,看到他我也不害怕了。"班主任老师说:"那我们就给这个神奇的小狮子起个名字吧?"米米说:"勇气。"这就是我们的"勇气小狮子"。

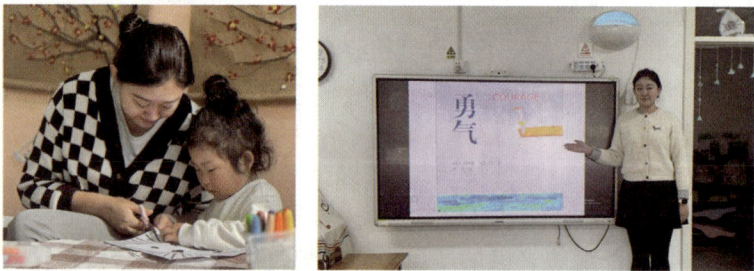

图 5-25　教师讲绘本《勇气》

教师反思:《幼儿园教育指导纲要(试行)》指出,"教师应成为幼儿学习活动的支持者、合作者、引导者。以关怀、接纳、尊重的态度与幼儿交往,耐心倾听,努力理解幼儿的想法与感受,支持、鼓励他们大胆探索与表达"。作为"支持者""合作者""引导者",教师的"关怀""接纳""尊重",都必须建立在耐心的基础上。只有教师对这些存有畏难心理的幼儿耐心地辅导,对他们不离不弃,相信他们,才能使他们感受到自己的价值,才能一天天地进步。此外为幼儿创造宽松、和谐的环境,对幼儿克服畏难心理大有益处。置身于宽松、温馨氛围的幼儿的心理应是放松的自在的,在一定程度上情感可以自然流露,思想可以任意驰骋,不受太多的拘束。

（三）情绪调节，重拾信心

一次区角活动中，孩子们正聚精会神地用各种颜色的彩泥捏制小动物。小华想要捏一只生动的蝴蝶，但当他尝试给翅膀塑形时，彩泥却不断裂开，他皱着眉头，一脸的不高兴。重复几次后小华失去了耐心，把前面的太空泥一起推掉，趴在桌子上哭了起来。

旁边的老师看到了，过去安慰他轻声问："小华，你捏不好翅膀吗？"小华哭着点点头，有点泄气地说："是的，它总是裂开。"老师便拿起一块彩泥，耐心地示范起来："你可以先捏一个薄薄的圆片，然后轻轻压在蝴蝶的身体上，就像这样。""我做不好，我不会，我不会。"小华边哭边拒绝。这时候旁边的婷婷说："你看墙上的'勇气小狮子'！"小华抬头看了看，拿起了手中的彩泥看着老师的动作，跟着学了起来。虽然一开始还是不太顺利，但在老师的帮助下，他渐渐掌握了技巧。蝴蝶的翅膀终于捏好了，小华开心地笑了，他的蝴蝶在美工角中显得格外美丽。

图 5-26　幼儿捏彩泥作品

教师反思：幼儿是存在的个体差异，因此，在教学过程中，教师要因人而异，对于那些有畏难心理的幼儿，要根据他的实际情况，适度降低要求，把握好幼儿的学习心理，先让幼儿能在低要求下完成学习任务，初尝成功的喜悦，获得心理上的满足，激发兴趣，从而产生一种积极向上的原动力，再循序渐进地对他提出要求，让他一步步地成长，慢慢地挖掘出他的潜力。

三、总结与反思

（一）尊重认同，这是一种儿童发展过程中的正常心理现象

在充满活力的幼儿园里，一场以"剪纸艺术"为主题的创意活动正在如火如荼地进行中。剪纸，这种源远流长、蕴含深厚文化底蕴的传统艺术形式，不仅考验幼儿的动手操作能力，更是对他们的情绪管理能力进行了锻炼。他们在这个充满创意和挑战的过程中面对各种挑战与困难，学会了如何在挫折中寻找力量，用积极的心态去克服困难，完成了一次次自我成长的蜕变。对于出现畏难情绪的幼儿，教师要给予充分的尊重。对于幼儿来说，这是一种正常的心理现象，并不是疾病，更不是不可引导和改变的现象。作为幼儿教师，我们更应该以客观、平和的心态去关爱幼儿。

（二）持续关注，用榜样的力量激励幼儿，引导幼儿建立自信心

在榜样的选择上，应充分考虑幼儿的年龄特点和认知水平。生动的榜样能够激发幼儿的兴趣，具体的形象则更容易让幼儿产生共鸣。例如，活动过程中，绘本《勇气》以其丰富的画面和简洁的文字，展现了各种不同形式的勇气相关的故事，为小班的幼儿提供了一个直观而深刻的榜样。幼儿可以通过阅读绘本，理解勇气的含义，认识到在面对困难和挑战时，勇敢地迈出第一步是多么重要。而"勇气小狮子"这一形象，更是以其可爱的外表和勇敢的行为，成为小班幼儿喜爱的榜样。小狮子在面对困难时毫不退缩，勇敢地迎接挑战，这种积极向上的形象能够激励幼儿勇敢地尝试新事物，建立自信心。

通过榜样的引导，幼儿可以逐渐认识到自己的潜力和能力。当他们看到榜样在面对困难时的勇敢表现，会联想到自己也可以像榜样一样勇敢地面对生活中的各种挑战。同时，教师和家长可以在日常教育中，不断强化榜样的作用，引导幼儿学习榜样的优秀品质。例如，在幼儿遇到困难时，鼓励他们像绘本中的人物或"勇气小狮子"一样勇敢地面对，给予他们积极的反馈和肯定，增强他们的自信心。

（三）及时鼓励，增强幼儿的信心和勇气，获得解决问题的方法

幼儿在以往的学习与生活历程中，或多或少地接触过一些简单的手工活动，因而具备了一定程度的动手操作能力。在日常的相处互动中，他们也渐渐开始遭遇各种挑战与困难，初步积累了情绪方面的体验。这些经历为他们参与此次剪纸活动奠定了基础。每位学生都有成功的渴望，特别是3~6岁的幼儿，更需要表扬，得到别人的赞同。一句由衷的赞誉、夸奖、激励语，会满足幼儿的心理需求，使之产生欣慰、幸福的心理体验，从而增强自信心、上进心，朝着健康、全面的方向发展。幼儿园的幼儿既有鲜花，也有小草，他们是"五彩缤纷"的。但不论是鲜花，还是小草，他们都有自己的优点，因此，作为教师，我们不要戴有色镜去寻找他们身上的缺点，而要拿放大镜去努力寻找他们身上的"闪光点"。多给予幼儿欣赏的"大拇指"，少一些责备。林肯曾说过："一滴蜂蜜能比一加仑的毒药捕更多的苍蝇。"对他们身上表现出来的优点和长处要珍惜，教师要发现闪光点及时给予表扬和鼓励，并让它发扬光大。让他们从得到别人的肯定中，慢慢地获取自信心，做得更好。

·中班生活案例·

饮食那些事儿

一、活动背景

挑食是幼儿中普遍存在的现象，成为老师和家长共同关注的焦点。幼儿正处于身体成长的关键期，挑食行为容易导致营养不良或不均衡，容易引发健康问题。因此，一旦观

察到幼儿挑食,家长和教师应该提高认识,并采用科学方法加以纠正,以支持幼儿的健康成长。

《3～6岁儿童学习与发展指南》强调了帮助幼儿认识食物营养价值的重要性,引导他们养成均衡饮食的习惯,避免偏食和挑食,减少摄入对健康有害的食品。此外,《幼儿园教育指导纲要(试行)》也明确指出,培养身心健康、全面发展的孩子是幼儿园的核心职责之一,而良好的饮食习惯对于促进幼儿身体健康和全面发展具有不可替代的作用。幼儿时期是形成良好饮食习惯的黄金阶段,在这个阶段,幼儿对外界的模仿与学习表现出极高的敏感度,良好的饮食习惯一旦建立,将对其一生产生深远影响。

随着冬季的脚步悄然临近,班级老师决定以"健康加油站"为主题,精心策划并开展一系列剪纸活动,通过手中的剪刀和色彩斑斓的彩纸,在剪裁的过程中,将各种"食材"的营养知识巧妙地融入其中,让幼儿明白每一种食物都有其独特的营养价值,激发他们对多样化食物的兴趣。幼儿在动手操作中,不仅锻炼了手眼协调能力,还学到了关于健康饮食的重要信息。希望这种寓教于乐的方式,让他们更加深刻地理解到平衡饮食的重要性,从而培养出不挑食的好习惯。

图 5-27　幼儿尝试设计剪纸

二、活动内容与过程实录

(一)食在健康

今日的午餐,麻酱杂粮馒头、菌菇炖肉煲、鲜美无比的大头菜,以及滋补身心的萝卜棒骨豆腐汤,香气四溢,让人垂涎欲滴。幼儿纷纷洗手归座,静心享受这顿佳肴,看着他们吃得津津有味,我心中充满了喜悦。

玥玥是中班里一个瘦小且体质较弱的孩子。从她妈妈那里得知,玥玥挑食严重、体质弱,对多数菜肴都不感兴趣,常需要家人催促才勉强进食。通过观察,孩子进餐缓慢,面对不喜欢的食物,她总能找到各种理由拒绝,如"这个不能吃""吃了会吐"等。正当此时,一声"老师,玥玥不吃香菇!"打断了我的思绪,我循声望去,见靓靓指着玥玥说:"她把香菇挑出来了!"玥玥抬头望着我,眼中透露出抗拒:"老师,我真的不想吃香菇。"随着用餐时间的结束,许多孩子的碗里仅剩下未曾触动的香菇和几根散落的青菜。

于是,我和小朋友们开始了"为什么要尝试吃各种各样的食物呢?"这一话题,特别注意到了玥玥的反应。她似乎有些想举手回答但又显得有点犹豫,我便及时鼓励她发表自己的看法。她回答说："因为只有当我们尝试各种食物,才能有全面的营养,变得既高又壮。"听到她的回答,我立刻赞扬她说:"你说得太对了!我们都应当成为不挑食的好孩子,你肯定也能做到这一点,对吗?"玥玥听后开心地点了点头。

区角活动开始啦!一群充满活力的小朋友们兴高采烈地开始了他们的任务,有的孩子迫不及待地在美工区剪着,笑着。"老师,你快看我剪的青菜!"孩子们的这一做法,吸引了我的注意。于是,我将孩子们在剪纸活动中创作的与食物相关的剪纸作品展示出来,例如水果、蔬菜和蛋糕等。接着,引导孩子们观察这些剪纸作品,并讨论它们所代表的食物。老师可以提问"你们知道这些食物都有哪些营养吗?""你们最喜欢吃哪种食物呢?"等问题,激发孩子们对食物的兴趣。讨论结束后,"现在,让我们一起去品尝这些美味的食物吧!"从而顺利过渡到进餐活动。

图 5-28　剪纸美食

教师反思:陶行知先生曾经说过:"生活教育是给生活以教育,用生活来教育。"3～6岁的幼儿是幼儿生活习惯形成的关键期,良好的就餐行为对幼儿生活习惯的养成有着重大的影响。生活即教育。对于中班幼儿来说,生活活动有着非常重要的作用。改善幼儿挑食,减少浪费食物的行为,有着一定的挑战性。

(二)果蔬大战

今日的食谱是黑米香软饭、松仁玉米以及肉丸菠菜汤。铭铭率先盛起丸子,津津有味地品尝起来。等肉丸子吃完后,他便开始拿着勺子,左顾右盼,眼神有些游离。我见状,便说道:"铭铭,尝一尝别的菜吧,非常美味的。"铭铭看了看我,又看了看餐盘,颇为无奈地拿起勺子,灵巧地避开菠菜,舀了一勺汤放进了嘴里。饭后,我拿来了一个大碗,里面放上了提前用剪纸做好的"鱼丸、菠菜、胡萝卜"。"我们开饭啦。""哇,碗里好多好多好吃的啊。""我想在里面放上鱿鱼。""我想剪一只虾放进去。"看到孩子们讨论的声音越来越大,铭铭也加入了进来。"我也来,馒头、西红柿,蔬菜水果一个都不能少。"

图 5-29　剪纸食谱

看到孩子们热切地讨论着,我不禁想到,我们要允许孩子慢慢接受,逐渐地把进餐当作一件快乐的事情。这样才更符合幼儿的心理和发展需求,孩子们才会吃得开心,爱上美味。

孩子们的剪纸作品越来越多,"果蔬大丰收了!"小朋友开心地笑着。于是,我们提议,来一场美食剪纸展览。当孩子们踏入餐厅展览馆时,立即被这些手工剪纸作品所吸引。墙上悬挂着各种水果与蔬菜的剪纸画,餐桌上则摆放着以剪纸艺术制作的餐具标识牌,共同营造出一个既温馨又充满艺术气息的用餐空间。在分发食物时,我们老师也巧妙地结合剪纸作品来讲述食物的名称、营养价值及其来源。当手持一颗鸡蛋时,我微笑着说:"看,这是鸡蛋,这是墨墨剪的哦。这是香蕉,富含多种维生素和纤维素,对我们的身体健康有很大的益处。""快来,香喷喷的青菜出炉了,小朋友们记住要多吃青菜哦。"这样的方式不仅让孩子们对食物有了更全面的了解,还加深了他们对剪纸作品的记忆。

教师反思:在家中,饮食习惯各异,父母常迁就孩子口味,偏爱肉类而忽略蔬菜。为纠正这一现象,我们利用剪纸调动了幼儿进餐的积极性。现在,每到中午开饭之前,有的小朋友就会问,"我们中午吃什么?"墙上用剪纸做的每日食谱就会告诉我们答案:"我们今天要吃'绿球球'西兰花,还有鸡肉和米饭。"我们利用剪纸活动激发幼儿兴趣,并加强与家长沟通以形成教育共识。这些方法有效促进了孩子们饮食习惯的转变,大约一个月后,班级里的剪纸作品越来越多,孩子们持之以恒的行为,帮助孩子们自身养成不挑食的习惯。

(三)营养宝塔

改变孩子的挑食习惯和心理障碍不是一蹴而就的,它需要经历一个循序渐进的过程。我们举办的"传统中餐厅"活动,鼓励孩子们将他们的创意展现在剪纸上,并与家长及同龄小伙伴分享。在后期的生活中,孩子们逐渐运用了独特的套色剪纸技术,先将单色剪纸主稿剪好,随后搭配各种色彩的纸块进行装饰。上面绘有黄色南瓜、粉红色胡萝卜、金黄玉米、紫色茄子和翠绿大白菜,这些蔬菜经过巧手裁剪变得生动可爱,跃然纸上。通过这次剪纸创作,幼儿不仅对蔬菜产生了浓厚兴趣,还成功克服了偏食的问题!当孩子们骄傲地展示自己的作品时,脸上洋溢着自信与快乐。有一天,甯滢从家里带来一幅金字塔的饮食挂画,小朋友

图 5-30　剪纸作品:饮食金字塔

们欣赏着,把自己的剪纸作品也贴上去。看到孩子的这一做法,我们老师给提供了金字塔的外框,鼓励孩子开始制作膳食金字塔。每个孩子都亲手剪出了代表各类食物的小纸片,然后将其贴在相应位置上。最后,一座色彩斑斓、内容丰富的膳食金字塔便呈现在大家眼前。

教师反思:《3～6岁儿童学习与发展指南》中强调,环境是至关重要的教育资源,应通过环境的创设和利用,有效促进幼儿的发展。随着剪纸课程的逐步推进,我们也充分发挥了环境的作用。除了在美工区内投放各种剪纸操作材料外,还让幼儿随时随地都能沉浸在剪纸的世界中。当幼儿在剪纸过程中遇到困惑时,他们可以寻求老师的帮助,或者通过美工区墙面上我们特别设置的剪纸步骤、剪纸技巧等图片指引来寻找答案。这

样,环境就成了与幼儿互动的桥梁,让他们在浓厚的艺术氛围中感受剪纸的魅力。

三、总结与反思

(一)幼儿教育要关注儿童发展,但要远远超越儿童发展

太过强调领域之间的逻辑,会否定幼儿教育的连接以及整合性;太过强调统一,缺失基本的逻辑,幼儿就无法深度学习,两者不能简单地互相否定。以非遗剪纸技艺进行特色的中餐剪纸创作,为传统文化内核赋能。"味"代表中国千年饮食文化的滋味,是国人刻画进骨子里的记忆与情感。"吃饭那些事儿"起源于幼儿的生活,发展于幼儿内心,也服务于幼儿的成长。通过此次活动,幼儿收获了关于各种蔬菜的营养知识,知道了不挑食的好处,也懂得了不能浪费粮食,体会到了美味食物背后所付出的劳动。作为教师,我也深刻地感受到,源于幼儿生活中的问题,往往是最具有教育价值的。

(二)持续关注,用幼儿喜欢的方式促进深度学习

教育源于生活,最终也回归生活。在活动开展的过程中,幼儿也了解到在幼儿园中,每一顿午餐都是厨房的叔叔阿姨们辛勤劳动的成果,懂得了体谅别人的辛苦。跟随着活动的进程幼儿挑食的情况也是一天一天在发生着变化:他们从挑着东西吃,挑着蔬菜吃到了解蔬菜的营养,接受蔬菜,再到不挑菜吃,光盘行动,知道每天要开开心心吃完自己的午餐,努力做个不挑食的好孩子。《3～6岁儿童学习与发展指南》指出:"幼儿身心发育尚未成熟,需要成人的精心呵护和照顾,但不宜过度保护和包办代替,以免剥夺幼儿自主学习的机会,养成过于依赖的不良习惯,影响其主动性、独立性的发展。"教师的角色是帮助幼儿的成长,让幼儿自己做,而不是替他做,剥夺幼儿学习的机会。生活中处处充满教育契机。

(三)节粮有我,不负食光

勤以修身,俭以养德。传统文化推崇节俭。勤俭节约是中华民族的传统美德。是个人的品质修养,也是养成良好习惯的行为体现。基于此,我班以饮食为抓手,节约意识养成为主线,从幼儿入园开始,引导幼儿在一日生活中做勤俭节约的践行者,形成良好的品格修养。在这个过程中,幼儿也积累了一定的经验,取得了一定的成效,一日生活尽显节约。美德始于心,节俭践于行。以"光盘"为荣、以"节约"为荣,让节约成为一种风尚。

·大班生活案例·
纸的变形记

一、活动背景

在剪纸活动后总会产生大量的碎纸屑,一天幼儿们对这些碎纸屑表现出了浓厚的

兴趣,他们围在一起讨论:"我觉得直接扔掉有点浪费","我们可以用来干点别的"。儿童是一个发育着的机体和发展着的心灵,儿童发展是个体与环境交互作用的结果。这些碎纸屑作为环境的一部分,可以成为幼儿学习和探索的重要资源。教师意识到这是一个开展环保教育和培养幼儿创造力的良好契机。于是询问:"我们可不可以将纸屑循环起来?""我知道纸屑可以用来装饰。"政政激动地说。"我觉得纸屑还可以做游戏。"豚豚想了想说。

期待通过这次活动,能进一步深化幼儿对纸的认识,培养他们的环保意识和创新思维能力。于是教师计划引导幼儿对碎纸屑进行分类,探索不同大小的纸屑的用途,并鼓励幼儿尝试用碎纸屑进行各种创意制作。激发幼儿创造力的同时,让他们用自己独特的方式去探索和表达。

图 5-31 幼儿讨论碎纸屑的用途

二、活动内容与过程实录

(一)分类进行时

教师将幼儿们集中在一起,展示了一堆剪完纸后的碎纸屑,向幼儿提问:"我们如何处理这些碎纸屑呀?谁有好办法?"幼儿们纷纷表示不应该扔掉,于是教师引导幼儿们对碎纸屑进行分类。只见他们认真地挑选起来,佳一说:"我这里就放大的纸屑,小的纸屑可以放那边。"于是幼儿将较大的纸片放在一个盒子里,较小的纸片放在另一个盒子里。在分类过程中,幼儿们互相交流,丫丫说:"这片大的可以再剪一个形状。"熙熙则拿着小纸片思考着它能做什么。后来豆丁说:"我想按照颜色分类,彩色的放一起,把白色、黑色的单独拿出去。"

图 5-32 幼儿将碎纸屑分类

教师反思:教师为幼儿提供了不同的分类盒,幼儿能够根据大小、颜色、材质等特征进行分类,不仅提高了观察能力和逻辑思维能力,同时表现出了他们对纸屑问题的关注。分类活动结束后,幼儿对于纸屑的再利用方式也充满了期待。

(二)纸屑大循环

1 纸团变形记

当面对小的碎纸屑时,政政兴奋地提议:"我们可以把小纸屑团成球呀。"这个想法立刻得到了其他小朋友的响应,幼儿们纷纷拿起小纸屑开始团球。一开始,有些幼儿不太熟练,纸屑总是散开,但他们并没有放弃,在教师的鼓励和同伴的帮助下,逐渐掌握了技巧。团好纸球后,幼儿们开始发挥他们的想象力,探索纸球的各种玩法。有的幼儿把纸球当成篮球,在教室里找了一个角落,模拟起投篮的动作,嘴里还喊着:"我要投篮啦,看我的!"其他幼儿则在旁边当起了啦啦队,为他加油助威。有的幼儿把纸球当成足球,在户外的空地上互相踢着玩,还制定了简单的规则,比如不能用手碰球,要把球踢进指定的区域才算得分。还有的幼儿把纸球当成手榴弹,玩起了投掷游戏,他们把教室里的一些小玩具当成目标,看谁能准确地用纸球击中。在这个过程中,幼儿们的欢声笑语充满了整个教室,他们完全沉浸在游戏的快乐中。

图 5-33　幼儿将纸屑团成球开展游戏

教师反思:团纸球的活动不仅让幼儿们学会了一种利用碎纸屑的方法,还让他们在游戏中锻炼了身体的协调性和灵活性。通过自己动手团纸球和探索游戏玩法,幼儿们的动手能力和想象力都得到了充分的发挥。在活动中,教师发现幼儿们的创造力是无穷的,他们能够根据自己的生活经验和想象,创造出各种各样有趣的游戏玩法。后续的游戏过程中也鼓励幼儿把自己创造的游戏玩法记录下来,与其他班级的小朋友分享,这样可以进一步激发他们的自信心和表达能力。

2 美丽的纸浆画

碎纸屑可以做成纸浆,完成纸浆画,也可以作为装饰物完善装饰其他的作品。教师向幼儿介绍了纸浆的制作方法:"小朋友们,我们可以把小纸屑变成一种神奇的东西,那就是纸浆。我们要先把小纸屑放入水中浸泡一会儿,然后用搅拌器搅拌,就像我们平时搅拌果汁一样,直到纸屑变成纸浆。"幼儿们听了都觉得很新奇,迫不及待地想要尝试。他们小心翼翼地把小纸屑放入水中,然后目不转睛地看着纸屑在水中慢慢变软。接着开始了搅拌,过程中幼儿不停地问教师:"老师,什么时候才能变成纸浆呀?"当纸屑终于变成纸浆时,幼儿们都发出了惊叹声。然后教师引导幼儿用制作好的纸浆进行绘画。有的幼儿在纸上画出了自己喜欢的花朵,然后用小勺子舀起纸浆,慢慢地填充在花朵的轮廓里,形成了一幅独特的纸浆画。他们还会用不同颜色的纸浆来装饰花朵,使花朵看起来更加鲜艳。有的幼儿则把纸浆当成装饰物,贴在自己之前制作的剪纸作品上。他们用小刷子蘸上一些胶水,把纸浆均匀地涂抹在剪纸作品的边缘或者空白处,使作品更加美观,更有层次感。

图 5-34　幼儿创作纸浆画

教师反思:制作纸浆画的活动让幼儿们了解到纸的另一种形态和用途,培养了他们的动手能力和艺术创造力。在活动中,教师发现有些幼儿在搅拌纸浆时不够熟练,须在今后的活动中加强对这方面的指导。同时教师也意识到在引导幼儿进行纸浆画创作时,可以给予他们更多的启发和引导。可以让幼儿们观察一些优秀的纸浆画作品,了解不同的表现手法和创作思路,然后鼓励他们根据自己的想法进行创作。

③ 有趣的"马赛克剪纸"

集体活动时间教师向幼儿展示了一些马赛克画的图片,并问道:"小朋友们,你们看这些画漂亮吗? 它们是用很多小块的东西拼成的。"幼儿都被这些色彩斑斓、图案精美的马赛克画吸引住了,纷纷点头说漂亮。然后,教师引导幼儿思考如何用碎纸屑来制作类似的作品。教师说:"我们也可以用小纸屑来做一幅这样的画。我们可以把小纸屑当成马赛克的小块,用胶水把它们粘贴在纸上,按照我们自己的设计拼成各种图案。"幼儿们听了都很感兴趣,立刻开始尝试。他们拿起小纸屑,用胶水小心翼翼地把它们粘贴在纸上。有的幼儿按照自己喜欢的形状来粘贴,比如圆形、三角形、方形等,然后把这些形状组合在一起,形成了一个独特的图案。有的幼儿则根据自己的想象来粘贴,比如粘贴出一个太阳、一朵云、一只小鸟等。在粘贴的过程中,幼儿们非常认真,他们会仔细地挑选每一片纸屑,确保它们的颜色和形状符合自己的设计。当完成作品后,幼儿们都很自豪地展示自己的剪纸剪贴画,互相欣赏和评价。

图 5-35　幼儿创作剪纸拼贴画

教师反思：在本次探索中，幼儿接触到了一种新的艺术形式，拓宽了他们的艺术视野。教师给予幼儿自主的空间，让他们能够更加自由地发挥自己的创意。同时，教师也可以引导幼儿们对自己的作品进行更深层次的思考和探索。例如，可以让幼儿们思考如何通过改变纸屑的颜色、形状和排列方式来创造出不同的效果，或者让他们尝试用不同的材料来搭配碎纸屑，如彩笔、毛线等，使作品更加丰富多样。此外还可以组织幼儿们进行作品展览，让他们有机会向其他小朋友和家长展示自己的作品，增强他们的自信心和成就感。

三、总结与反思

在学前教育阶段渗透环保教育，是培养未来公民环保意识的重要举措。我国大力倡导生态文明建设，强调可持续发展的理念。因此，让幼儿从小树立正确的环保观念，符合党的教育方针中关于培养全面发展的社会主义建设者和接班人的要求，为实现美丽中国的目标奠定了基础。

本次活动将环保教育与创意制作相结合，以剪纸剩的碎纸屑为素材，既强调了对资源的环保再利用，又注重幼儿的创意制作。活动涵盖了分类、团纸球、制作纸浆画和剪纸剪贴画等多种形式，满足了不同幼儿的兴趣和需求。每个活动环节都具有一定的趣味性和挑战性，能够吸引幼儿积极参与。活动中，教师能够根据幼儿的兴趣和需求及时调整活动内容和指导方式，引导幼儿积极参与活动，这是教师支持行为适切性的体现。

通过对碎纸屑的循环利用，幼儿直观地感受到资源的浪费和再利用的重要性，从而培养了环保意识。这种环保意识将伴随幼儿的成长，对他们未来的行为和价值观产生积极的影响。当然也存在一些不足之处。例如在分类活动中，对分类标准的说明不够明确；在一些活动环节中，给予幼儿的自主空间不够。在今后的活动中，教师需要更加注重细节，提高自己的教育教学能力，更好地支持幼儿的学习和发展。

《幼儿园教育指导纲要（试行）》强调幼儿园应为幼儿提供健康、丰富的生活和活动环境，满足他们多方面发展的需要，使他们在快乐的童年生活中获得有益于身心发展的经验。碎纸屑作为活动环境中的一部分，为幼儿提供了新的探索素材，教师引导幼儿对其进行循环利用，正是在为幼儿创造丰富的活动环境，让幼儿在实践中获得关于环保和创新的经验。

·小班家园社活动案例·
剪纸巧变"食材"

一、课程缘起

十月一小长假结束后，小满妈妈和我聊起孩子的假期生活，她说："小满让我给他买一把和幼儿园一样的小剪刀,买回来以后就在家里剪,我看他剪了乱七八糟的一大堆,也不知道剪了些什么。"她的话让我回忆起,小长假前在班里我确实给孩子们介绍过小剪刀的使用方法,还鼓励他们在区角里和小剪刀做朋友,剪一剪、试一试。于是我对小满妈妈说:"我们可以换一种角度来看,现在看起来混乱的作品,如果能加入家长的巧思,也许会是一件非常完美的作品呢。"我还向小满妈妈推荐了绘本《点》,告诉她:"你看完这本书,肯定会和我有一样的看法。"

我想,会鼓励的教师和会欣赏的妈妈同样重要,如果我们双方拥有一致的教育理念、达成一致的教育目标,小满能有一段非常难忘的成长经历,这该是多么重要的"教育同行"啊。

二、课程内容与过程实录

(一)面条香喷喷

受到绘本的启发,小满妈妈从一堆剪完的纸片中挑出了一些细细长长的纸条,然后在纸上画了一个碗的形状。妈妈笑着对小满说:"看,妈妈给你变个魔术。"妈妈把那些细长的剪纸小心翼翼地贴在碗里,一边贴一边对小满说:"你看,这是一碗面条,一碗香喷喷的面条。"小满眼睛睁得大大的,兴奋地说:"哇,妈妈好厉害,真的是一碗面条呢!"

当小满妈妈向我讲述这件事情时,我真是高兴极了,我对小满妈妈说:"您这个做法真的很棒,现在小满对剪纸是不是更有兴趣了?"我的问题马上得到了小满妈妈的肯定答复,她也很高兴地说:"我没想到简单的画画、贴贴,能给孩子带来这么多快乐。"最后我们还商量,在保护小满积极性的同时,也可以"伺机而动",在纸上画一些宽窄、长短不同的线条,鼓励小满尝试着做出不同"口味"的"面条",这样孩子的手眼协调能力、手部肌肉的控制能力,都可以得到锻炼。就这样,在我的鼓励下,在小满妈妈细心的陪伴下,玉米面条、龙须面条、火龙果面条便诞生了。

教师反思:当我提出可以换一种角度来欣赏、肯定幼儿的作品时,当我提出可以进一步在纸上画出不同线条,让小满在游戏中获得能力发展时,小满妈妈欣然接受并积极付诸实践。在这个过程中,家长的教育理念发生了积极的转变。教师善于捕捉家长的教育需求、家长积极接受教师给予的建议,是推动幼儿成长的重要因素。

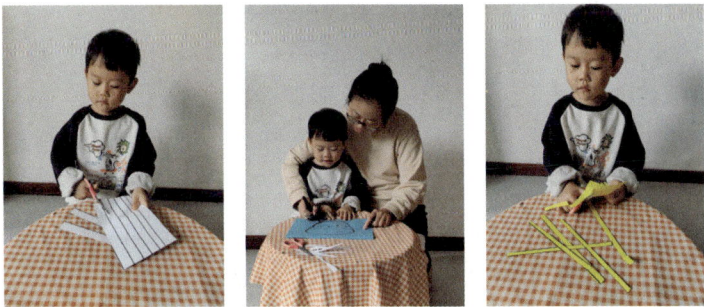

图5-36 幼儿尝试剪出"面条"

（二）重阳糕甜蜜蜜

重阳节这天，阳光洒满了幼儿园的每个角落，班级里弥漫着温馨而欢乐的气氛。小朋友们的爷爷奶奶、外公外婆们受邀入园，一同参加重阳节祖孙乐活动。在活动现场，最受期待的就是手工"重阳糕"了。小朋友们拿起材料，沿着轮廓，运用撕或剪的方法来"制作"重阳糕，最后他们还用小贴纸、画笔、毛球、亮片等材料进行了简单的装饰，一个个独特的"重阳糕"在小朋友的小手里诞生了。老人们看着小宝贝们认真的模样，脸上洋溢着幸福的笑容，整个教室都充满了欢声笑语。

小满回到家后，心里还惦记着没有来参加活动的外公外婆。他跑到妈妈身边，拉着妈妈的手说："我也想给外公外婆做重阳糕。"小满让妈妈帮忙画出长方形、三角形、圆形等不同的形状，妈妈一笔一画地画着，小满拿起小剪刀，全神贯注地剪着。虽然剪得还很稚嫩，但是很仔细，充满了小满对外公外婆深深的爱，也让这个重阳节的温暖在家庭中继续延续着。

教师反思：集体制作"重阳糕"，进一步激发了小朋友们对动手操作、对剪纸的热情与创造力。同时，小满回到家后，想要为未参加活动的外公外婆做"重阳糕"，妈妈也积极配合与支持，这一过程让我感受到了家长对幼儿园教育活动的理解、对教师教育建议的信任。这种良好的家园协同育人状态，再一次坚定了我与小满妈妈共同推进"家庭剪纸"的信心。

图 5-37　制作"重阳糕"

（三）火锅热腾腾

随着时间的推移，小满的剪纸能力有了明显的提高。在我和小满妈妈不断的沟通下，我们决定把"步伐迈开"，尝试让小满自己画自己剪，独立完成"火锅食材"的制作。

这天，妈妈把这个任务告诉小满时，他的眼睛一下子亮了起来，充满了兴奋和挑战欲。他坐在桌前，先是沉思了一会儿，然后拿起笔开始在纸上大胆地画起来。他画了胖胖的香菇、长长的金针菇、圆圆的鱼丸，还有一片片的蔬菜。虽然画得并不完美，但每一笔都充满了童真和创意。画完后，小满拿起剪刀，毫不犹豫地开始剪。剪刀在他手中越来越熟练。当他剪到长长的金针菇时，妈妈有些担心地提醒："小满，这个可不好剪，要小心哦。"小满却自信地回答："妈妈，我可以的。"只见他专注地沿着线条，一点一点地把金针菇剪了出来,虽然边缘有些许不整齐,但整体形状却很生动。妈妈在一旁静静地看着,心中满是惊喜。她看到小满不仅剪纸的技巧提高了,更重要的是,变得更加自信和勇敢了。他不再害怕剪错,而是尽情地发挥着自己的想象力。

教师反思:通过不断的交流,我和小满妈妈能够把握小满剪纸能力发展的节奏,适时调整教育策略,从最初的帮助到鼓励其独立创作,这一过程体现了家园共育的连贯性和协同性。小满的这次剪纸创作,不仅仅是做出了一些有趣的"火锅食材",更重要的是,他在这个过程中实现了自我的成长与突破,而妈妈也在这个过程中见证了小满令人惊喜的进步。这也会让家长再一次认识到,科学开展家庭教育的重要性。

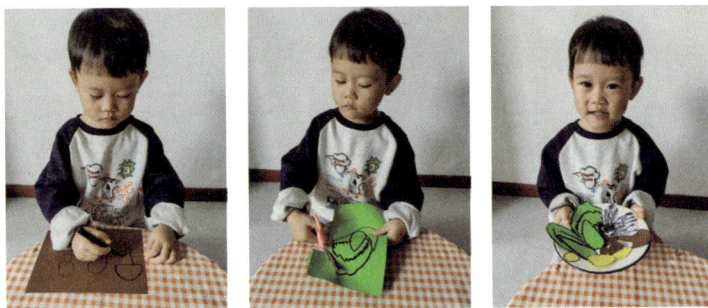

图 5-38　幼儿独立剪纸

三、总结与反思

(一)家庭教育与幼儿成长的积极互动

在本次案例中,可以清晰地看到家庭教育在幼儿成长过程中发挥着不可替代的作用。小满妈妈受绘本启发开展的剪纸贴面条活动,简单却充满创意;鼓励小满制作不同"口味"的面条,锻炼了小满的手眼协调能力和手部肌肉控制能力的发展,这些活动不仅为小满带来了快乐体验,更重要的是激发了他对剪纸的兴趣、对学习的兴趣和探索欲望。另外,在小满参加完重阳糕制作活动后提出想为外公外婆再进行制作时,妈妈积极配合,提供帮助,这一互动过程不仅延续了幼儿园活动的教育意义,还加深了小满与家人之间的情感联系,也体现了家庭教育在幼儿情感发展方面的重要价值。

(二)教师在家园共育中的角色与作用

教师在整个过程中扮演着引导者和协调者的重要角色。教师捕捉家长的教育需求,并能够给予及时且有效的建议,促使家长教育理念发生积极转变。教师与小满妈妈不断沟通,把握小满剪纸能力发展的节奏,适时调整教育策略,体现了教师与家长之间紧密的合作关系,以及教师在整个教育过程中的规划能力。教师不仅仅关注幼儿在幼儿园的表现,还深入家庭中的教育环节,确保家园共育的连贯性和协同性,这对幼儿的全面发展起到了积极的推动作用。

（三）对家庭教育价值的再认识

通过这次的家园活动，我对家庭教育的价值有了更深入的认识。家庭教育不仅仅是幼儿成长过程中的补充，更是与幼儿园教育同等重要的教育力量。它能够在日常生活中为幼儿提供个性化的学习体验，根据幼儿的兴趣和家庭环境特点，开展独具特色的教育活动。家庭教育还是情感教育的重要场所。在家庭环境中，幼儿与家人之间的互动充满了浓浓的亲情，像小满为外公外婆制作重阳糕的过程，就是在家庭的温暖氛围中传递爱与关怀，这有助于幼儿形成健康的情感认知和表达能力。

（四）教育行为反思

在这个过程中我也需要反思自身的不足之处。例如，可以定期组织家长教育经验分享活动，让小满妈妈这样有创意且积极配合教育的家长分享经验，促进其他家长教育理念的转变，提升整个班级的家庭教育水平，实现家长教育资源共享。另外，在活动设计方面可以更加多样化和主题化。结合不同的传统节日、季节变化或者文化主题，设计一系列连贯的家庭与幼儿园互动活动。例如，在春节期间可以组织家庭剪纸窗花活动，让孩子们在了解传统文化的同时，提高剪纸技能。这些活动可以在幼儿园先进行初步的引导，然后由家长在家中协助孩子深入开展，形成完整的教育闭环。

·中班家园社活动案例·

奶奶教我剪纸

一、活动背景

剪纸作为中国民间艺术的瑰宝，具有深厚的文化底蕴和独特的艺术魅力。在当今社会，中华优秀传统文化的传承和发展越来越受到重视。幼儿园作为幼儿教育的重要场所，有责任和义务让幼儿接触和了解传统文化，培养他们对传统文化的热爱和认同感。同时，中班幼儿正处于好奇心强、动手能力逐渐发展的阶段。剪纸活动可以锻炼他们的手部精细动作、观察力、想象力和创造力，符合中班幼儿的发展特点和需求。

一次偶然的机会，幼儿园教师在与家长的交流中了解到，有几位幼儿的奶奶非常擅长剪纸，并且对剪纸艺术有着浓厚的兴趣和热情。于是，教师萌生了邀请奶奶们来幼儿园教幼儿学剪纸的想法。这个想法得到了家长们的积极响应和支持，奶奶们也非常乐意参与这样的活动，希望能把自己的剪纸技艺传授给幼儿，让他们感受传统文化的魅力。就这样，"奶奶教我学剪纸"的活动应运而生。教师通过对社区资源的调查，发现社区中有几位擅长剪纸艺术的老人，也可以邀请他们作为活动的指导老师。

二、活动内容与过程实录

（一）奶奶教我剪纸

教师邀请擅长剪纸的奶奶到幼儿园进行剪纸活动。奶奶们拿出准备好的各种颜色的纸张、剪刀、铅笔等剪纸工具，向幼儿展示剪纸制作方法。奶奶拿起一张红色的纸，对孩子们说："这张红色的纸可以剪出漂亮的窗花哦，你们想不想试试？"幼儿兴奋地回应。奶奶开始示范基本的剪纸方法，如对折剪、三角剪等，每一个步骤都讲解得非常仔细，幼儿全神贯注地看着奶奶们的示范，眼神中充满了期待。当幼儿遇到问题的时候，奶奶轻轻地走到他身边给予鼓励。

图 5-39　奶奶教幼儿剪纸

幼儿根据自己的想象和创意，挑选出不同颜色和形状的纸张，开始进行剪纸创作，有的幼儿想要剪出一朵美丽的花朵，还有的幼儿想要剪出一个神奇的城堡。当奶奶看到有困难的小朋友，积极鼓励："宝贝，你想剪什么呀？奶奶帮你一起想办法。"小朋友说："我想剪一个大恐龙，可是我不知道怎么剪。"奶奶笑着说："没关系，奶奶来教你。我们可以先画一个恐龙的形状，然后再用剪刀沿着画的线剪下来。"在奶奶的帮助下，小朋友顺利地剪出了一头大恐龙，开心得手舞足蹈。

当幼儿将自己的剪纸作品展示给大家时，脸上洋溢着自豪的笑容。奶奶对孩子们的作品进行评价和表扬，肯定他们的努力和创意。整个教室充满了欢乐和温馨的氛围。

教师反思：剪纸是传统民间艺术，承载着丰富的文化内涵。奶奶传授的不仅是剪纸技巧，更是这份文化的传承。通过剪纸，幼儿感受到了传统文化的魅力，增强了对传统文化的热爱和保护意识。在和奶奶一起剪纸的时光中，一边剪纸，一边分享生活中的趣事，拉近了祖孙之间的距离，增进了幼儿与长辈之间的情感交流。这次活动不仅让孩子们学到了剪纸的技巧，更重要的是让幼儿在感受民间艺术魅力的同时，也收获了满满的爱和温暖。

（二）纸艺传情，感恩有你

阳光洒满大地的美好清晨，幼儿在教师的带领下，拿着他们自己精心准备的剪纸作品高兴地走进社区，脸上洋溢着纯真的笑容。

图 5-40　幼儿将剪纸送给社区工作人员

幼儿兴奋又略带羞涩地走向社区中一个个为我们生活服务的人,用稚嫩的童声送上自己的祝福:"叔叔阿姨,这是我们自己做的剪纸,送给你们,感谢你们的辛勤工作！"然后郑重地递上手中的剪纸作品。工作人员接过这些充满童趣与心意的礼物,眼中满是惊喜与感动,他们有的轻轻蹲下,与孩子亲切拥抱,有的温柔地摸着孩子的头,连连称赞:"小朋友们太厉害了,这剪纸真漂亮,谢谢你们！"孩子们听着赞扬,小脸蛋乐开了花,还兴奋地和工作人员分享起自己创作剪纸时的过程,并与他们进行合影留念,照片定格了孩子们的欢笑、工作人员的感动以及社区与幼儿园之间浓浓的情谊,为社区与幼儿园之间留下了一份美好。

教师反思:当幼儿将自己的作品亲手送给环卫工人、警察叔叔等为我们服务的人员的时候,他们脸上展现的自豪感和成就感满满,走进社区奉献自己的一份微薄之力的活动特别有意义,不仅让幼儿体验到了传统剪纸艺术的魅力,还通过剪纸赠送社区人员活动让幼儿学会感恩,感谢社区工作人员日常为社区辛勤付出。幼儿园希望借此活动增进与社区联系,让幼儿表达对社区人员的感恩。

(三)纸艺童彩,共绘社区

当幼儿听说要走进社区举办剪纸展览,这一活动让他们感到非常兴奋,积极地投入相应的准备。从整理准备剪纸作品到展览的布置等等,幼儿在教师的引导下,进一步了解剪纸艺术的起源与发展,如何布置展览、如何介绍自己的作品等等。对幼儿来说,参与剪纸是一段充满探索与创造的旅程。一幅幅作品充分发挥了幼儿的想象力,吸引了众多的目光,让居民直观感受到传统节日的热闹氛围和文化内涵,勾起对传统习俗的美好回忆,增强对民族文化的认同感。

现场展览中心热闹非凡,居民们穿梭于作品之间,相互交流欣赏。幼儿自豪地向大家介绍自己的作品,家长们则在一旁拍照留念,欢声笑语回荡在整个空间。这种互动不仅拉近了邻里距离,还营造了浓厚的社区文化氛围,增强了社区居民的归属感和凝聚力。

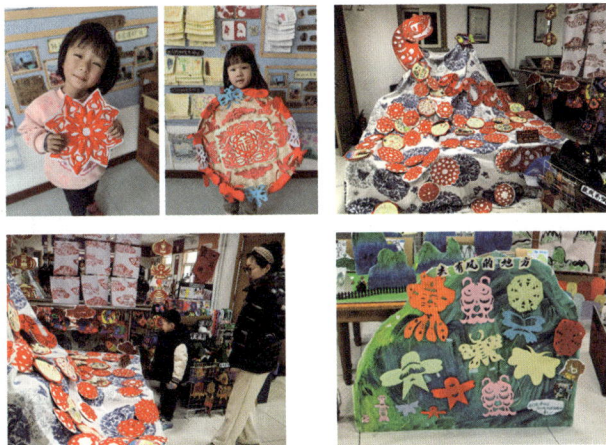

图 5-41 社区幼儿剪纸展览

教师反思：走进社区办剪纸展览活动，幼儿从不知所措到精心准备，再到大方自信地向社区居民交流、介绍，在一点一滴中不断地进步和成长，提高了他们多方面能力的发展，继承和发扬了剪纸文化，同时也为社区增添了独特的文化景观，走进社区办剪纸展览，一系列精心策划与组织的过程，让剪纸艺术在新时代焕发出新的生机与活力，成为连接过去、现在与未来的文化桥梁，不断彰显独特价值。

三、活动的特点及价值

（一）发掘身边资源，传承优秀传统文化价值

剪纸作为中国传统民间艺术，是中华民族的瑰宝，传承具有极其重要的意义，而身边资源如家庭、社区等就是我们传承文化的宝库。邀请奶奶们来园传授剪纸技艺，让幼儿在活动中接触到剪纸艺术，了解其历史和文化内涵，培养对中华优秀传统文化的认同感和自豪感，是一种代际文化传承的体现，让传统文化在不同年龄层之间得以传递，让剪纸文化焕发出新的活力。

（二）尊重发展规律，促进幼儿多方面发展

剪纸活动充分尊重幼儿的年龄特点和发展规律，为幼儿提供适宜的剪纸内容，提高了幼儿的观察力，语言表达能力，有效地锻炼了幼儿手部精细动作的发展和手眼协调能力。在创作剪纸作品的过程中，幼儿可以根据自己的想象和创意进行设计，充分发挥他们的创造力和想象力。

（三）多元互动交流，促进家园社协同育人

通过组织奶奶教我学剪纸、走进社区、举办剪纸展览等活动，加强了家园之间、家社之间的联系与合作，充分利用家社资源，相互协作，沟通交流，共同促进幼儿的发展。让幼儿将剪纸艺术传播到家庭和社区的同时，拓宽了幼儿的视野，加深了他们对剪纸艺术

的理解和认识。

·大班家园社活动案例·
剪时光，满温情

一、课程缘起

为迎接新年的来临，幼儿园举办了一场别开生面的"童眼看非遗"活动，请来了剪纸、面塑、皮影戏等许多的民间艺人来园。当天晚上，我便收到婷婷妈妈发来的照片以及语音，话语中满是惊喜，她提到："孩子和李奶奶剪完纸以后可喜欢啦，从回到家就开始剪，虽然现在剪得还很稚嫩，但孩子兴致很高，幼儿园组织的这个活动真好！"婷婷妈妈的话引起了我的关注。虽然活动已悄然落下了帷幕，但显然幼儿这份对传统文化的热爱越来越炽热。也许，它不仅仅会成为一次简单的体验活动，也会是一次心灵的触动，一次文化的觉醒。

于是，我和婷婷妈妈一拍即合，决定将这个美好的瞬间延续下去，将孩子对剪纸艺术的热爱转化为家庭共赏的温馨时光。这不仅仅是纸与剪刀的完美结合，更是家人间情感交流的见证，是传统文化在新时代家庭中得以传承与发扬的生动实践。这段家庭剪纸时光，不仅让婷婷的家中充满了欢声笑语，更让传统文化之花在幼儿的心田中悄然绽放。

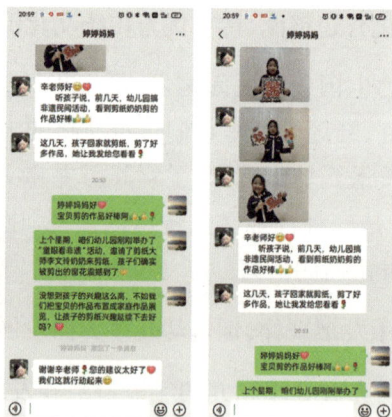

图 5-42　幼儿和李奶奶一起体验剪纸活动

二、课程内容与过程实录

（一）剪出爱的轮廓

饭后，婷婷一家人不再像以往那样刷手机追电视剧，而是全家围坐在一张铺满彩纸的大桌子上，一起说说笑笑、一起画画剪剪。婷婷妈妈告诉我，每天晚上成了他们家的"亲子共剪时光"，婷婷承担起了剪纸小老师的角色，向爸爸妈妈展示剪纸技巧和方法，妈妈则在一旁协助，不时地帮她调整纸张的角度，或是查阅视频学习剪纸的方法。婷婷爸爸也被女儿感染了，学得特别认真，还开玩笑地和妈妈说："自己上学那会都没现在这么认真。"

随着时间的推移，一件件充满创意的剪纸作品在婷婷家里出现了：有活灵活现的小动物，如欢快跳跃的小兔子、悠闲散步的小鹿；有寓意吉祥的传统图案，如寓意年年有余的鲤鱼、象征幸福团圆的莲花；还有婷婷根据自己的想象创造出的奇幻世界，有飞翔的独角兽、会说话的彩虹树……每一件作品都蕴含着家庭的温暖与孩子的童真。

图 5-43　幼儿在家中开展亲子剪纸

教师反思：本活动基于幼儿的兴趣、基于家长的支持，将传统文化教育由幼儿园自然地延伸至家庭之中。剪纸让家庭氛围更加的温馨、亲子关系更加的融洽，也为幼儿的成长提供更多维度的支持。教师在与家长沟通中，可以多做"有心人"，及时捕捉到有价值的教育契机，同时也将中华优秀传统文化教育浸润到家庭之中，发挥其传承的价值。

（二）剪出美的生活

在和婷婷妈妈的一次交流中得知，婷婷家里剪纸作品越来越多，作品大都堆叠在一起，不利于保留。于是我向妈妈提议，可以尝试将剪纸作品装饰在家庭的环境之中，也许会有不一样的展览效果，相信婷婷一定会很喜欢。

于是，婷婷和妈妈首先选中的是家里的窗户。婷婷负责用喷水壶轻轻喷湿窗户，妈妈则小心翼翼地将剪纸作品贴在玻璃上，爸爸则在一旁用抹布轻轻按压。不一会儿，原本单调的窗户便变得生动起来，透过灯光，剪影在窗上摇曳生姿，仿佛一幅幅流动的画卷。紧接着，他们又将目光投向了家中的灯具。利用台灯、落地灯等光源，将剪纸作品置于灯光之下。婷婷特别挑选了星空下的城堡、彩虹桥，将它们放置在床头灯下，柔和的光线透过剪纸的镂空部分，投射出斑斓的光影，让整个房间都充满了梦幻。

一晚上，婷婷的照片、视频不停地向我发送，我知道那是一份雀跃不已的喜悦，也知道今天晚上一定会给婷婷一家带来难忘的回忆。

图 5-44　用剪纸作品布置家庭环境

教师反思：当教师了解到婷婷家里出现作品堆叠不利于保留的问题时，提出将剪纸作品用于家庭环境装饰的建议，这一引导成功地将问题转化为提升家庭文化氛围和亲子互动的机会。婷婷不断发来的照片和视频也在提醒着我，教师在家庭教育中适时恰当的引导，能够助力提升家庭整体的教育氛围和亲子关系质量。

（三）剪纸与时尚碰撞

随着剪纸装饰的完成，婷婷一家又将目光投向了更为大胆的尝试，他们决定举办一场家庭剪纸服装秀，让每一位家庭成员都能穿上自己亲手装饰的服装。

婷婷兴奋地设计了自己的剪纸云肩，还利用中国结进行点缀，充满了童趣与创意。爸爸和妈妈也不甘示弱，他们分别选择了外套和围巾作为装饰对象。爸爸在外套上巧妙地粘贴了几片象征成功与力量的狮子剪纸图案，既不失稳重又不失个性；妈妈则在围巾上点缀了几朵盛开的牡丹花剪纸，优雅中透露着女性的柔美与温婉。

随着音乐的响起，家庭剪纸服装秀正式拉开帷幕，他们身着精心装饰的服装，自信满满地展示着自己的风采。每一个转身、每一个步伐都透露出对剪纸艺术的热爱。这场家庭剪纸服装秀不仅展现了家庭成员的创意与才华，更拉近了彼此之间的距离，让爱在这个温馨的夜晚得以传递与升华。

图 5-45　家庭剪纸服装秀

教师反思:婷婷充满童趣的云肩设计、爸爸妈妈外套与围巾独具匠心的剪纸装饰,既体现了婷婷一家的巧思巧手,更让传统文化在现代社会以更多元的形式传承发展。党的十九大报告强调,要"推动中华优秀传统文化创造性转化、创新性发展",这次的活动,便将剪纸传统艺术形式与服装设计相融合,是创新,更是传统艺术现代化的生动体现。

(四)传递文化暖社区

周末,婷婷一大早就拉着妈妈的手,带着自己制作的剪纸作品,穿梭在小区的每一个角落。小区的儿童游乐区,聚集了许多和她年龄相仿的小朋友。婷婷把剪纸作品一一展示给小朋友们看:"这是我剪的小兔子,它代表着快乐和温柔;这是我爸爸剪的松树……"婷婷一边介绍,一边耐心地解答小朋友们的好奇提问。她的话语中充满了对剪纸文化的热爱与自豪,让小朋友们听得津津有味。随后,婷婷又来到了休闲广场,这里聚集了不少爷爷奶奶。她鼓起勇气,主动上前,将手中的剪纸作品递给他们,并开始讲述剪纸的历史和制作过程。婷婷爸爸妈妈看着这一幕,心中充满了满足和幸福。因为他们知道,小婷婷俨然成了传统文化的小小传承人与代言人。

图 5-46　在社区介绍剪纸作品

教师反思:婷婷向小朋友、向社区里的人们展示剪纸作品并分享相关知识,将自己热爱的传统文化分享出去,俨然成为传统文化的宣传员、推广员。这让本次活动,不仅仅体现在婷婷自己喜欢剪纸、婷婷的家人喜欢剪纸,更是让中华优秀传统文化在社区中、在自己的生活中不断传承与发扬,我想这也是本次活动最大的价值所在。

三、总结与反思

(一)传统文化教育为家园社协同育人搭建桥梁

木次活动中,家园社协同育人的作用得到了淋漓尽致的展现。教师积极引导婷婷一家人参与剪纸艺术的探索与创作,不仅激发了幼儿对传统文化的兴趣,成为传统文化的传递者,更让剪纸艺术成为亲子互动的桥梁与催化剂。家长与幼儿一起剪、一起做、一起演,这种亲密无间的亲子氛围,是多好的情感交融。同时婷婷还将剪纸作品在小区中进行分享与交流,传承文化与精神。家园社协同育人,让教育不再局限于幼儿园的围墙之内,而是延伸到了每一个家庭,形成了良好的教育生态循环。

（二）传统文化教育与家庭教育的深度融合

家庭作为孩子成长的第一课堂，在文化传承方面扮演着重要的角色，本次活动也是传统文化与家庭教育深度融合的一次生动实践。剪纸作为中国传统文化的瑰宝，其独特的艺术魅力和深厚的文化底蕴，为家庭教育提供了丰富的素材和广阔的空间。在活动中，婷婷一家通过亲手制作剪纸作品、设计剪纸服装等，不仅加深了对传统文化的理解和认同，也培养了幼儿的创造力、动手能力和审美情趣。这种寓教于乐的方式，让传统文化在家庭中得以活态传承。

（三）传统文化教育在幼儿园教育中的创新实践

家庭剪纸作品展、剪纸服装秀……不仅丰富了幼儿的活动形式，更浸润了传统文化的家风家貌。这一创新实践启示我，传统文化并非一成不变，而是可以与现代教育理念相结合，以孩子们喜闻乐见的方式呈现出来。在幼儿园教育中，我应当更加充分挖掘传统文化教育价值，通过多样化的教学手段和活动形式，让幼儿在体验中学习、在游戏中成长。同时自己还要不断创新教学方法，将传统文化与现代科技、艺术教育等相结合，为幼儿打造一个更加丰富多彩、充满创意的学习环境。